내 삶을 바꾼 습관

옴니버스 인생 책쓰기 7편
50인의 인생을 바꾼 습관들

단 한 번뿐인
소중한 인생을

진짜 나
더 나은 나
최고의 나로
살아갈 당신에게
우리의 책을 전합니다

내 삶을 바꾼 습관

초판 1쇄 발행_ 2025년 04월 07일

지은이_
우경하 이은미 조유나 박선희 정원임 김지현 이연화 이형은 심푸른 김황연
장예진 양 선 신두호 이단비 강화자 조대수 김순란 정소영 장선희 유병권
김미옥 최윤정 최무빈 박소영 신동복 엄일현 강기쁨 구연숙 양수목 김종호
김애리 한민정 한연주 최형임 김효승 이정인 김혜경 윤민영 최수미 박미란
최민경 김선화 오순덕 박해리 안재경 이언주 우정희 고서현 김미경 정규만

펴낸이_ 우경하
펴낸곳_ 인생변하는서점
디자인_ 우경하 & 정은경
표지디자인_ 디자인플래닛
인쇄처_ (주)북모아

출판등록번호_ 제2021-000015호
주소_ 서울 도봉구 덕릉로 63가길 43, 지하26호
전화_ 010-7533-3488
ISBN_ 979-11-991251-7-9 (03190)
정가_ 18,000원

이 책은 저작권법에 따라 보호받는 저작물이므로
무단 전재와 무단 복제를 금지하며
이 책 내용을 이용하려면 반드시 저작권자와
출판사 [인생이변하는서점]의 서면동의를 받아야 합니다.
잘못된 책은 구입처나 본사에서 바꾸어 드립니다.

50인의 지은이

우경하 이은미 조유나 박선희 정원임
김지현 이연화 이형은 심푸른 김황연
장예진 양 선 신두호 이단비 강화자
조대수 김순란 정소영 장선희 유병권
김미옥 최윤정 최무빈 박소영 신동복
엄일현 강기쁨 구연숙 양수목 김종호
김애리 한민정 한연주 최형임 김효승
이정인 김혜경 윤민영 최수미 박미란
최민경 김선화 오순덕 박해리 안재경
이언주 우정희 고서현 김미경 정규만

내 삶을 바꾼 습관

1장. 지은이 소개

01. 우경하 - 나연구소 대표, 한국자서전협회장
02. 이은미 - 오색그림책방 대표, 한국미래평생교육원장
03. 조유나 - 유나리치, 한국개척영업컨설팅연구소 대표
04. 박선희 - 더원인재개발원 대표, (주)ESG경영연구원 이사
05. 정원임 - 글로벌미래교육원 대표, 재능환전소 대표
06. 김지현 - 마음나라연구소 대표, 사회복지학 박사
07. 이연화 - 내 삶의 귀인 공저책 출간, 한국그림책작가협회 회원
08. 이형은 - 강남대 도서관학과 졸업, 사서 자격증, 북큐레이터
09. 심푸른 - 전남대학교 석, 박사학위 취득, 대한웰다잉협회 전문 강사
10. 김황연 - 타로&사주 직관상담사, 전자책 크몽에 3편 출판

2장. 지은이 소개

11. 장예진 - 휘게 심리상담센터 대표, 보육교사, 사회복지사,
12. 양　선 - 여여나무연구소 대표, 체질 직업전문가
13. 신두호 - (주)프레스티지코스메틱코리아 대표
14. 이단비 - 와우엔터테인먼트 대표, 여행뉴스 이사
15. 강화자 - 1인 기업가 공감 톡 브랜딩 대표, 꿈짱 코치 4050 직장인
16. 조대수 - 백년멘토 교육컨텐츠 대표, 화신사이버대학 특임교수
17. 김순란 - 구미호헌총신 학장, 축복장로교회 담임목사
18. 정소영 - Top 인재개발원 대표, 한국과학창의재단 진로컨설턴트
19. 장선희 - 학교에서 40년 가깝게 근무 은퇴
20. 유병권 - 제25회 서울 독립 영화제 우수작품상, 전자책 출간

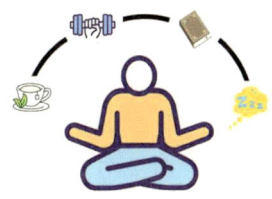

3장. 지은이 소개

21. 김미옥 - 사회복지법인 제주공생 희망나눔종합지원센터 센터장
22. 최윤정 - 윤정교육연구소 소장, 공저 '내 삶을 바꾼 책' 외 작가
23. 최무빈 - 카페 온다 대표, 충남 서산출생
24. 박소영 - 자담인 비전점 가맹대표, 건강 상담 전문가
25. 신동복 - 자연을 담은 사람 자담인 상담매니저
26. 엄일현 - 나연구소 홍보 담당, 전자책 1권 , 종이책 3권 출간
27. 강기쁨 - 『인생은선물입니다』『마음부자』공저『내 삶을 바꾼 질문』공저
28. 구연숙 - 공무원 퇴직, 전자책 [야! 너도 서평 쓸 수 있어] 저자
29. 양수목 - 자담인건강법책 편집자, 블로그, 유튜브 운영자
30. 김종호 - 웰다잉 전문강사, 사전연명의료의향서 상담사

4장. 지은이 소개

31. 김애리 - 前 광주기독병원 간호사, 한국상담학회 전문상담사(2급)
32. 한민정 - 쥬드발레하우스무용학원 원장, 세종특별자치시교육협회회장
33. 한연주 - 배우,[드라마] 빈센조(TVN),[영 화] 크리스마스랭면(독립)외
34. 최형임 - 신세계합동녹취 속기사무소 대표 속기사
35. 김효승 - ABA금융서비스진심 보험설계사, 고객이 우선 찾는 설계사
36. 이정인 - 중년 마음학교장, 인성교육전문 단체 이사
37. 김혜경 - 공간 지음 대표, 행복 책방 대표
38. 윤민영 - 자담인영힐링 대표, 자담인영힐링 쇼핑몰 운영
39. 최수미 - 저서 : 책이 시키는 대로 했더니 인생이 달라졌다.
40. 박미란 - 자연을 담은 사람 자담인 에코점 가맹대표

5장. 지은이 소개

41. 최민경 - 웰니스라이프디자이너,하트나비라이프 (Heart Navi Life)
42. 김선화 - 영산대학교 겸임교수, 청소년지도사, 출판지도사
43. 오순덕 - 한글마루 창작소 공동대표, 한글만다라 개발자
44. 박해리 - 이음 심포니커 대표
45. 안재경 - 유닛스튜디오 대표, 마벨꾸띠끄 대표
46. 이언주 - 마벨꾸띠끄 대표원장, 비주얼크리에이터협회장
47. 우정희 - (현)청도재가노인복지센터대표, 한세대사회복지행정학과박사
48. 고서현 - 보건학박사수료, 한국대체의학심리상담학회이사
49. 김미경 - 인카금융서비스(주), 린치핀사업단 재무컨설팅, 작가
50. 정규만 - 청솔건강연구소 대표, 사회복지사 1급 자격증

프롤로그

 사람이 습관을 만들고 습관은 좋은 사람을 만든다. 지금의 우리를 만든 것은 우리가 매일 하는 습관이다. 좋은 습관이 좋은 사람을 만들고 좋은 인생을 만든다. 습관의 중요성은 우리 모두가 이미 알고 있다.

 행복하고 성공한 인생을 살아가는 사람들의 무기와 비결은 그들이 매일 하는 습관에 있다. 그 습관은 생각, 행동, 신념 등 많은 것을 포함한다. 원하는 것을 이루기 위해서는 그것을 이루기 위한 생각과 행동을 반복해서 습관으로 만들면 된다.

 이 책에는 50인의 인생을 바꾸고 삶을 더욱 풍요롭고 행복하게 만든 습관이 들어있다. 우리는 이런 습관을 가지게 된 사연, 습관의 활용 방법, 그를 통해 무엇을 얻고 변했는지 등을 진솔하게 기록했다. 좋은 습관을 찾는 분들과 습관을 통해 인생의 변화를 꿈꾸는 분들에게 이 책을 추천한다.

 이 프로젝트는 전자책, 공동 저서, 자서전 전문 나연구소의 [옴니버스 인생 책쓰기] 프로젝트 7편이다. 프로젝트는 매월 1권씩 출판, 총기간 8년, 100편까지 출판을 목표로 한다.

 우리의 이야기가 더 나은 내가 되고, 원하는 인생을 살고 싶은 분들에게 길잡이가 되고 도움이 되길 희망한다.

프롤로그   /12

1장. 최고의 나를 만든 글쓰기 습관   /14
2장. 아픈 나를 치유한 습관들   /56
3장. 새벽 기상(미라클 모닝)   /98
4장. 새벽의 고요한 사색   /140
5장. 작은 습관이 만드는 기적   /182

에필로그   /224

내 삶을 바꾼 습관

1장

최고의 나를 만든 글쓰기 습관

01. 우경하
최고의 나를 만든 글쓰기 습관

02. 이은미
모닝 미라클로 변화된 나의 삶

03. 조유나
독서, 나를 만든 최고의 습관

04. 박선희
긍정의 나를 만든 펩톡 습관

05. 정원임
내 삶을 바꾼 기적의 루틴 미라클 모닝

06. 김지현
생각을 실천하는 품격 있는 습관

07. 이연화
나를 꿈꾸게 하는 독서 습관

08. 이형은
당신은 지금 성공 습관의 흐름에 올라탔는가?

09. 심푸른
실행력, 내 삶의 자원

10. 김황연
작은 습관들이 모여 만든 큰 변화

no.1

우경하

❏ 소개
1. 나연구소 대표
2. 한국자서전협회장
3. 전자책, 공동저서. 자서전 출판 전문
4. 온라인 오프라인 450회 이상 강의 코칭
5. 전자책, 종이책 포함 170권 이상 출판
6. 누적 출판작가 570명 이상 배출
7. 닉네임: １００권작가
9. 책쓰기코치 강사 양성 중

❏ 연락처
1. 네이버 검색: 우경하
2. 유튜브 검색: 나연구소

최고의 나를 만든
글쓰기 습관

'11,674개' 내가 내 블로그에 쓴 글의 개수다. 2017년도 5월부터 글을 쓰기 시작했고 7년 넘게 4개~5개 정도의 블로그에 글을 매일매일 써왔다. 그리고 인생이 변했다.

"매일 글을 쓰는 일은 나를 아는 일이고 운을 쌓는 일이다." 내 인생을 바꾸고 지금의 나를 만들어준 말이다. 이 말을 마음에 담고 매일 글을 썼다. 나는 간절했다. 달라지고 싶었고 변하고 싶었다. 더 나은 내가 되고 싶었고 행복하고 싶었다. 어쩌면 글쓰기는 나에게 지푸라기이자 동아줄이었다.

취직하고 회사에서 쓰는 보고서 말고는 글을 쓸 일이 없었다. 그랬기에 잘 쓰려는 생각은 버리고 한 줄이라도 매일 쓰자고 다짐했다. 책 『부의 추월차선』을 통해 '생산자'의 개념을 알았고, 책을 보고 강의를 들으며 온라인상에 콘텐츠 만드는 일의 중요성을 깨달았다. 초반에는 주로 일상 기록, 질문과 생각, 마음 관찰 등의 글들을 주로 썼다. 기록은 내가 그날 했던 일, 만난 사람, 본 책 등의 일상을 적었다. 질문은 '나는 어떤 사람인가?' '내가 좋아하는 것과 싫어하는 것은?' '나는 어떤 일을 하는 어떤 사람이 되고 싶은가?' '내가 정말 원하는 것은 무엇인가?' 등의 나를 알아가는 질문과 내 생각을 반복적으로 썼다. 관찰은 내 생각, 마음, 감정을 바라보는 연습이었다. 내 기분이 좋은지 나쁜지, 불안한지 편안한지. 누구를 만나고, 무슨 일을 할 때 내 마음이 설레는지, 등을 적어나갔다. 이런 글쓰기로 인해서 내 삶은 서서히 변하기 시작했다.

첫 번째 변화는 '관점의 전환'이었다. 늘 외부와 남에게로 향하던 내 마음의 시선이 안으로, 나에게로 변해서 나를 바라보게 되었다. 그로 인해서 나라는 큰 존재를 자각하고 만나기 시작했다. 두 번째는 '감정의 정화와 치유'였다. 억눌리고 표현하지 못해서 내 감정과 영혼 속에 쌓여있던 수많은 것을 밖으로 꺼내면서 엄청난 감정의 해소를 경험했다. 그러면서 나는 점점 더 가벼워졌다. 세 번째는 '생산자로의 변화'다. 글이라는 콘텐츠를 온라인상에 꾸준히 발행하면서 나름의 영향력이 생기기 시작했다. 내 글에 공감하는 많은 이웃이 내 주변에 모이기 시작했고 그들은 내가 만드는 프로그램들에 고객이 되기 시작했다.

글쓰기는 내 삶의 습관이 되었다. 더 나아가 책 쓰기 콘텐츠로 1인기업을 하고 있는 지금은 마케팅과 활동 위주의 글을 꾸준히 쓰고 있다. 책도 꾸준히 쓰고 있는데, 글에 책이라는 옷을 입히면 영향력이 커지고 또 다른 매력적인 존재가 된다.

✓ 수많은 글을 쓰며 내가 느낀 글을 잘 쓰는 방법 5가지다

1. 잘 쓰려는 마음은 내려놓고 가감 없이 진솔하게 쓴다.
2. 한 줄을 써도 매일 꾸준히 쓴다.
3. 블로그 같은 온라인상에 글을 쓴다.
4. 내 글을 보는 독자의 문제, 니즈, 궁금증을 생각하며 쓴다.

5. 목적 있는 글쓰기인 책 쓰기를 한다.

'처음은 미약하지만, 나중은 창대하리라'라는 말처럼 나를 알기 위해 글쓰기를 시작했고, 꾸준히 했기에 내 삶이 바뀌었다. 내가 하고 싶은 일을 하고 누군가의 꿈을 이루어지는 지금이 행복하다. 우리의 인생은 읽기, 듣기 쓰기 말하기로 이루어진다. 어떤 일이든 균형이 중요하다고 생각한다. 학교 교육과 사회문화적 이유로 수동적이고 인풋인 읽기와 듣기는 익숙하고 편안하지만, 능동적이고 아웃풋인 쓰기와 말하기는 어렵고 불편하다. 분명한 건 쓰기와 말하기를 할 때 창의력이 올라가고 잠재력이 향상된다. 나 또한 아웃풋에 집중하면서 놀랍고 신비한 성장을 경험했다. 인터넷의 발달과 유튜브 등의 영향으로 남녀노소의 창의력과 사고력, 문제해결 능력이 점점 줄어든다는 생각이 든다. 그렇기에 글쓰기는 성인뿐이 아니라 아이들에게도 필수라는 생각이 든다.

꾸준히 글을 쓰면 다음과 같은 효과가 있다.
1. 나 자신에 누구인지, 무엇을 원하는지 알게 된다.
2. 사고력과 창의력이 증가한다.
3. 문제 해결 능력이 향상된다.
4. 어휘력, 표현력, 말주변이 좋아진다.
5. 마케팅을 잘하게 된다. 이 외에도 무수히 많다.

글쓰기로 진정한 나를 만나서 행복하다. 죽을 때까지 평생을 글 쓰는 삶을 살 것이다. 변화와 성장을 원한다면 당장 글을 쓰자.

no. 2

이은미

❑ 소개

1. 오색발전소 대표
2. 한국미래평생교육원장
3. 오색그림책방 운영
4. 한국작가협회 부회장 & 포천지부장
5. 그림책심리성장연구소 경기1지부
6. 전자책, 공동저서. 자서전출판 전문
7. 종이책, 전자책, 그림책, 개인저서 포함 55권 작가

❑ 연락처

1. 블로그: https://blog.naver.com/mi2241
2. 네이버 검색: 그림책코치 이은미, 오색그림책방

모닝 미라클로 변화된
나의 삶

　새벽 공기가 살짝 차가운 날, 조용한 방 안에 희미한 빛이 스며든다. 아직 모두가 잠들어 있는 이 시간, 나는 천천히 눈을 뜨며 하루를 맞이한다. 예전에는 알람 소리에 힘겹게 눈을 떴지만, 이제는 자연스럽게 일어나는 것이 익숙해졌다. 침대에서 몸을 일으켜 처음 하는 일은 물 한 잔을 마시는 것이다. 맑은 물이 목을 적시는 순간, 나의 하루도 서서히 깨어난다.

　그리고 가볍게 몸을 풀어주며 새로운 하루를 준비한다. 이렇게 하루를 시작하는 습관이 생긴 지 벌써 3년이 지났다. 나는 한국미래평생교육원과 오색그림책방을 운영하는 그림책 코치이자 작가로서 더 나은 하루를 만들기 위해 노력하고 있다. 그리고 '모닝 미라클'이 내 삶에 가져온 변화는 기대 이상이었다.

　처음, 이 습관을 들이기까지 쉽지만은 않았다. 오랜 시간 늦게까지 일하거나 책을 읽는 게 익숙했던 나는 새벽에 일어나 하루를 준비한다는 것이 어색하게 느껴졌다. 하지만 주 3회 늦은 새벽 '모닝 미라클' 습관을 실천하면서 놀라운 변화를 경험했다.

새벽 시간은 방해받지 않는 나만의 시간이었고, 이를 활용해 이론서를 읽으며 깊이 있는 사고를 할 수 있었다. 한동안 미뤄왔던 자기 계발도 이 시간을 통해 차근차근 실천할 수 있었다. 단순한 아침 루틴이 아니라, 내 삶을 성장시키는 힘이 되어주었다.

이 습관이 자리 잡은 이후로 가장 큰 변화는 하루를 더 적극적으로 살아가게 되었다는 점이다. 아침에 몸과 마음을 정리하는 시간이 생기면서 자연스럽게 집중력이 높아졌고, 하루의 계획을 명확하게 세울 수 있었다. 덕분에 그림책 코치로서 교육을 기획하고 책을 집필하는 과정에서도 더 깊이 몰입할 수 있었다.

무엇보다도 내가 변화하는 모습을 보며 나의 이야기를 다른 사람들과 나누고 싶다는 마음이 들었다. 단순한 습관이었지만, 나에게는 인생을 바꾸는 기회가 되었다. 그리고 오늘도 나는 새벽을 맞이하며 또 한 걸음 앞으로 나아간다.

내가 직접 체험한 이 변화는 단순한 감정적인 만족이 아니라, 논리적이고 실질적인 결과를 가져왔다. 처음에는 단순한 의식처럼 느껴졌지만, 어느 순간부터 하루의 흐름을 바꾸는 중요한 요소가 되었다. 아침 독서를 통해 새로운 아이디어를 얻었고, 스트레칭과 명상을 통해 몸과 마음이 조화를 이루는 것을 직접 경험했다.

무엇보다 이 작은 습관들이 쌓이면서 업무 능률이 높아지고, 창의적인 사고가 더욱 활발해졌다. 습관의 힘은 생각보다 강력하다. 처음에는 사소해 보이지만, 작은 변화들이 쌓이면 어느새 삶을 근본적으로 바꾼다. 꾸준한 습관은 하루를 바꾸고, 나아가 나 자신을 더 나은 방향으로 성장시킨다.

작은 습관은 부담 없이 시작할 수 있어 지속 가능성이 높고, 실천할 수 있는 습관을 정하면 실패에 대한 부담이 줄어든다. 하루 5분의 변화라도 꾸준히 하면 큰 성과로 이어지므로 작은 습관은 즉각적인 보상을 주어 동기부여를 지속시킨다. 이런 단순한 습관 하나가 일상의 다른 긍정적인 변화로 확장된다.

내가 하는 아침 스트레칭이나 물 한 잔은 신체와 정신을 깨어나게 하는 습관이다. 습관을 만들기 위해 환경을 정리하는 것도 효과적인 방법이다. 또한 같은 습관을 지닌 사람들과 공유하면 실천 의지가 강해진다. 이런 작은 성공이 반복되면 자신감이 쌓이고 더 큰 도전을 하게 된다. 결국, 작은 습관이 모여 삶 전체를 변화시키는 힘이 된다.

우리가 선택하는 작은 행동 하나하나가 모여 인생을 만들어 간다. 지금, 이 순간 나의 하루를 변화시킬 작은 습관을 만들어보는 것은 어떨까? 그 작은 변화가 우리의 삶을 더 빛나게 만들어 줄 것이다.

no.3

조유나

❑ **소개**
1. 한국개척영업컨설팅연구소 대표
2. 유나리치 인카금융서비스 대표
3. 2023 더 베스트금융 연도대상 금상
4. 2022년 한국 영업인협회 신인상
5. 2017년 메리츠화재 연도대상 동상
6. DB생명 위드유 보험왕
7. 2024년 클래스유 〈개척여신이 알려주는 억대연봉 꿀팁〉
8. 개척영업 전국 1위 인기강사.
9. 1대1 영업진단 / 코칭 및 명함컨설팅
10. 조유나작가 출간저서 공저. 전자책 포함 15권
    * 전국 수강생- 연도대상. 억대연봉, 월천여신 달성 다수
* 닉네임: 유나리치 개척여신 조유나

❑ **연락처: 010-2415-5999**
1. 네이버 검색: 조유나의톡톡
2. 블로그: younarich1004
3. 인스타: @younarich

독서,
나를 만든 최고의 습관

나는 어려서부터 독서를 좋아하는 아이가 아니었다. 원래 머리가 좋은 사람이 아니라 노력형 사람이다. 시골을 떠나려면 공부라도 해야 했다. 그럼에도 공부는 내 머릿속에 잘 들어오지 않았다. 성적은 그냥 중간 정도였다. 그것도 남들보다 엄청나게 노력하고 책을 계속 보고 또 보고 했는데 말이다.

아무튼 딱 봐도 놀기 좋아하는 스타일의 사람이었다. 책이랑은 거리가 멀었기에 공부 머리가 아닌가 보다 싶었고 도대체 뭐 먹고 살아야 할지 고민도 많이 했었다.

세상일은 정말 아무도 모른다. 우연히 남편을 만나서 결혼했다. 임신 후 아기 이름을 지으려고 처음 도서관을 가게 되었다. 첫째 아이라 의미 있게 이름을 직접 짓고 싶은 마음에 도서관에서 작명에 관한 내용의 책을 찾아보기 시작했다.

그 계기로 도서관을 자주 가게 되었다. 도서관 출입증을 만들고 한 달에 몇 권씩 빌려서 책을 읽기 시작했다. 도서관에 가서 책을 빌려서 읽으면 사서 읽는 것보다 빨리 읽게 되었고 점점 책 읽는 것에 재미를 느끼기 시작했다. 시간 가는 줄도 모르고 책 속에 파묻혀서 읽었다.

　TV를 보다가도 책을 보았고, 밖에 나가면 무조건 책을 가방에 넣고 다니고 짬만 나면 책을 보기 시작했다. 예전에 기다리다가 무의미하게 보내던 지루했던 시간도 책을 보면서 좋아졌고 책을 보고 나면 마음이 편안해졌다. 그렇게 점점 책보는 시간이 늘어나고 점점 더 책 욕심이 늘어났다. 아무 의미 없는 방송이나 핸드폰을 보는 것보다, 자기 계발에 도움이 되는 책 속의 지혜를 찾는 것이 훨씬 값진 것을 느꼈다.

　그렇게 좋아하던 드라마보다 책을 쓴 작가님을 만나고 소통하게 되면 더 신난다. 책 속에 작가의 글을 읽고 네이버로 찾아보고 유튜브로 보고 저자의 다른 책도 이어서 보고 저자 특강도 가보고 너무 멋진 분 들을 가까이 볼 수 있다는 것이 참 신기하다. 그러면서 '나도 글을 쓰고 작가가 되어야지'라는 꿈을 갖게 되었다.

　'꿈은 이루어진다. 꿈꾸는 대로 상상하는 대로!'
　지금이 나는 다 이루고 있다. 우연히 닉네임 100권작가 나 연구소 우경하 대표님을 만나서 작가의 꿈을 이뤘다. 한 권 한 권씩 책을 쓰기 시작해서 꾸준히 이어가고 있다. 그리고 나를 통해서 또 책 쓰기로 브랜딩이 필요하신 설계사님들을 도와서 함께 책을 냈다. 『우리는 인생 설계사』라는 책으로 15명의 설계사님 브랜딩을 해드렸다.

　독서는 내 인생 최고의 습관이며 나에게 많은 행운을 가져다줬다. 독서는 나를 작가로 만들어 주고 설계사님들 브랜딩을 도와주는 계기가 되었다.

현재 나는 '개척 영업' 오픈 톡 방 900명을 운영하고 있는데 이런 나를 보고 책 쓰기에 함께 참여해 여러 권 쓰신 분들도 많고, 공저로 참여하신 분들도 50명이 넘었다. 너무 뿌듯하다.

아직도 책이 주는 행복은 무궁무진하다. 주변 사람들한테서 다 얻지 못하는 것을 책 속에서 마음껏 찾고 적용할 수 있다. 얼마큼 가져가는지는 본인의 역량이지만 다다익선이라고 생각한다. 언제나 책은 우리의 제일 좋은 친구라고 생각한다.

외로울 때나 행복할 때나 우리 곁에는 책이 함께 할 수 있다. 마음껏 독서하고 다독하고 적용하고 배우기를 바란다.

나도 한때는 매일 책이 오면 얼마나 좋을까 하고 서평단 분들을 부러워한 적이 있다. 지금은 내가 직접 독서를 하고 서평단 모집을 하고 있고 출간 작가님들 그리고 여러 출판사를 도와서 서평단 모집을 함께 진행하고 있다.

이 모든 것은 최고의 독서 습관을 시작으로 이뤄진 것이다.

<u>"독서는 내 최고의 감사 습관이고 긍정에너지 원천"</u>

나는 모든 면에서 점점 더 좋아지고 있다.~~~
나는 감사할수록 더 잘 되고 생각하는 대로 다 이뤄진다고 믿는다. 오늘도 감사 가득 확언   -2025-01-31. 금-

♡You & Na Rich♡ - 조유나의 톡톡톡

no.4

박선희

❏ 소개

1. 더원인재개발원 대표
2. 더원출판사 대표
3. 경남카네기리더십연구소 전문강사
4. 한국자서전협회 창원지회장 및 사무국장
5. 교육학박사수료
6. ESG경영컨설턴트, NCS 컨설턴트, 사업주훈련교사, 작가, 블로거
7. 전자책, 공동저서. 자서전 출판 전문

❏ 연락처

1. 블로그: https://blog.naver.com/wakeupsun
2. 네이버 검색: 박선희작가, 강사, 전문직업인
3. 닉네임: 오이작가

긍정의 나를 만든 펩톡 습관

나를 찾는 하루 5분 코칭스킬
1. 내가 자주 하는 습관을 떠올려 보자
2. 습관이 생긴 계기는 무엇인가?
3. 이 습관으로 내가 얻은 삶의 영향은 무엇인가?

사람은 누구나 습관이 있다. 자신도 모르는 사이 만들어진 습관, 부모 형제 가족이나 가까운 지인에게서 보고 배운 습관, 의도적으로 만든 습관이 있다.

내 습관은 NLP 교육과정에서 만든 펩톡 습관이다. 펩톡(pep talk)이란 '원기, 활기' 또는 '힘을 불어넣는다', '활력을 주다'란 뜻의 펩(pep)과 '말하다'라는 뜻의 톡(talk)을 합친 단어다. 상황이나, 자신의 기분을 전환하기 위해 하는 말이나 행동으로 힘들고 지칠 때마다 스스로 '나는 행복한 사람이다', '나는 충분해', '나는 할 수 있어' 같은 말을 해줌으로써 자신에게 생기와 활력을 불어넣어 힘과 용기를 내게 한다.

내 경우, 짧게 하는 펩톡 행동이 있다. 왼손 1번 손가락(엄지)에 왼손 3번 손가락(중지)을 비틀어 "딱딱" 소리를 낸다.
"좋아. 정말 잘돼" 이렇게 소리를 낼 때마다 '알아차림'을 한다. 지금 있는 상황이 잘 안 풀릴 때, 기분 전환이 필요할 때, 기분이 좋을 때, 그냥 재미로 딱딱 튕긴다.
수시로, 튕기며 말하면서 나도 모르게 몸과 마음이 잠시 쉰다. 휴대폰 뒷면에 붙인 '정말 잘돼' 스티커를 보면서 펩톡을 한다. 1초~3초 짧은 시간이지만 제법 효과 있다.
교육을 받고, NLP 강사가 저마다 펩톡을 하나씩 만들고 발표하라고 했다. 손바닥을 치는 사람, 얼굴에 보조개 모양을 하는 사람, 윙크하는 사람, 엄지척이나 브이로 자신감을 나타내는 사람, 가슴을 치는 사람 등 행동 펩톡을 하고, 긍정 확언의 말로 펩톡을 했다. 저마다 창의적이고 독특한 방법의 펩톡을 소개했다.

처음 펩톡을 시작했을 때 어색했다. 안 하던 말을 하려니 부자연스러웠다. 오른손으로 글 쓰던 것을 왼손으로 글 쓰려면 어색하고 삐뚤삐뚤 글씨를 못 쓰는 것과 같다. 왼손가락에 글쓰기 근력과 힘이 필요하다. 마찬가지로 저절로 생긴 습관이 아니라 의도적으로 만드는 습관이라 결심뿐 아니라 꾸준한 연습이 필요했다.
다행히 교육과정을 함께하는 동기들이 격려해 주었다. 잘못하고, 실수해도 비판이나 평가하지 않는 허용적인 분위기에서 서로를 응원하며 강의에 참여하는 매 순간 펩톡을 했다.

3개월 교육과정이 끝나갈 때 나도 모르게 딱딱 손가락을 튕기며 중얼거렸다. "좋아 좋아", "정말 잘돼." 기분 좋았다. 집에서, 사무실에서 긍정 펩톡을 하기 시작했다. 말하면서 기분도 바뀌고, 표정도 바뀌었다.

2025년 올해 갖고 싶은 습관은 매일 저녁 8시 책 쓰기 습관이다. "매일 글 쓰는 일은 나를 알고, 운을 쌓는 일"이라고 하는데, 퐁당퐁당 글쓰기를 할 때가 있다. 올해는 꾸준히 글쓰기 습관을 들여야겠다. '말이 씨가 된다'라는 속담처럼, '생각이 바뀌면 습관이 바뀌고 습관이 운명을 바꾼다.' 한다. 15년 전 교육을 받고 생각이 바뀌어 만든 펩톡 습관은 나의 운명을 바꾸었고, 만나는 사람도 바꾸었다.

왠지 일이 안 풀리고 우울한가? 긍정 펩톡과 글쓰기를 해보라. 그러면 운명이 바뀔 것이다. 바로 지금!

no.5

정원임

❑ 소개
1. 글로벌미래교육원 대표
2. 재능환전소 대표
3. 학습코칭 전문가
4. 오프라인 강의 500회 이상
5. 학습코칭 전문 강사 20명 이상 배출
6. 전자책 2권 출판
7. 닉네임: 디노 나르샤

❑ 연락처
1. 네이버 검색: 정원임
2. 유튜브 검색: 재능발굴소

내 삶을 바꾼 기적의 루틴 미라클 모닝

'행복한 삶을 위한 최고의 습관'

어둠이 채 걷히지 않은 새벽, 세상은 아직 고요한데 나의 하루는 시작되었다. 깊은 밤의 정적 속에서 알람이 울리고, 여느 때처럼 손을 뻗어 그것을 끌 수 있었다. 하지만 나는 그렇게 하지 않았다. 이 작은 선택이 내 삶을 바꿀 것이라는 사실을, 그때는 미처 몰랐다.

미라클 모닝을 시작한 첫날, 익숙하지 않은 새벽 공기가 낯설었다. 온몸은 침대 속 따뜻한 유혹을 뿌리치고 나와야 한다는 생각에 저항했다. 하지만 일단 일어나고 나니, 온 세상이 나만을 위해 멈춘 듯한 기분이 들었다. 조용한 공간, 아직 깨어나지 않은 세상, 그리고 오롯이 나를 위한 시간. 그 순간, 나는 나 자신과 마주할 수 있었다.

처음엔 미라클 모닝이 무엇인지조차 몰랐다. 2022년 2월, 나는 단순히 흉내를 내며 새벽 시간을 보냈다. 하지만 그 시간은 내게 질문을 던졌다. *'나는 무엇을 원하는가? 나는 어디로 가야 하는가?'* 그리고 2024년 1월, 재출판된 미라클 모닝을 읽으며 나는 깨달았다. 이 시간은 단순한 루틴이 아니라,

나를 찾는 여정이었다.

　나는 새벽을 나만의 루틴으로 채우기로 했다. 책을 읽고, 목표를 되새기며, 감사 일기를 쓰고, 몸을 가볍게 움직였다. 그리고 새로운 습관을 더했다. '뇌 훈련!'이 훈련은 단순한 명상이 아닌, 내 두뇌를 깨우고 집중력을 기르는 연습이었다. 규칙적으로 뇌 훈련을 하면서, 내 사고는 더 명확해졌고, 나는 더 깊은 몰입을 경험하게 되었다.

　나는 늘 바빴다. 하지만 그 바쁨이 나를 성장시키고 있지는 않았다. 오히려 하루하루를 허덕이며 살아가고 있을 뿐이었다. 경제적인 어려움 속에서 '어떻게 하면 더 나아질 수 있을까?'를 고민하면서도, 정작 그 해결책을 찾을 시간조차 없었다. 하지만 미라클 모닝을 실천하며 알게 되었다. 내 삶을 바꾸려면, 먼저 나를 알아야 한다는 것을.

　내가 원하는 것은 단순한 돈이 아니라, 경제적 자유를 통해 더 의미 있는 삶을 사는 것이었다. 내 부족한 부분을 찾고, 그것을 채우기 위해 매일 새벽에 공부했다. 새로운 지식을 쌓고, 나만의 강점을 발견하고, 실행할 수 있는 목표를 세웠다. 그리고 그 목표를 매일 아침 하나씩 실천해 나갔다. 시간이 지날수록 나의 변화는 분명해졌다. 더 이상 남들의 기준에 휘둘리지 않았고, 내가 진정 원하는 삶을 만들어 가기 시작했다.

　미라클 모닝을 시작하고 몇 개월이 지나자, 나는 완전히 달라졌다. 목표가 뚜렷해졌고, 그 목표를 향해 흔들림 없이 나아가는 나 자신을 발견했다. 더 이상 경제적 어려움에 주저앉지 않았고, 희망을 품고 내 길을 개척하기 시작했다.

기간은 짧았지만, 그 시간은 나를 변화시키기에 충분했다. 이른 새벽, 세상이 아직 꿈꾸고 있을 때, 나는 나를 깨웠다. 내 삶을 바꿀 능력이 내 안에 있음을 깨달았고, 그 깨달음은 새로운 미래를 열어주었다.

나는 이제 단순히 나만을 위한 삶을 사는 것이 아니라, 내 경험을 나누며 더 많은 이들에게 긍정적인 영향을 주고 싶다. 그래서 책을 쓰기로 했다. 내가 변화한 이야기를 공유함으로써, 나처럼 삶을 바꾸고 싶은 누군가에게 작은 희망이 될 수 있기를 바라며. 내 삶을 바꾼 이 작은 습관이, 또 다른 누군가에게 기적이 될 수 있기를.

두뇌 훈련과 병행한 미라클 모닝으로 나의 성장은 놀라지 않을 수 없다. 나는 강사를 양성하는 강의를 하게 되었고, 정부 지원 사업을 지원해서 운영도 했다. 현재도 새로운 정부 지원 사업을 신청 중이며, 더 많은 경험과 도전을 시도 중이다. 하지만 무엇보다 중요한 것은, 내가 변화를 주도하는 삶을 살고 있다는 것이다.

어느새 동이 트고, 빛이 어둠을 밀어내듯 내 삶에도 새로운 희망이 스며들었다. 나는 이제 더 이상 어제의 내가 아니다. 오늘도 나는 행복한 삶을 위한 새벽 시간을 즐긴다. 그리고 내일도, 그다음 날도, 나는 성장과 발전을 이어갈 것이다.

no.6

김지현

❏ 소개

1. 마음나라연구소 대표
2. 사회복지학 박사
3. 한국그림책문화예술협회 인천지회장
4. SP교육연구소 수석연구원
5. 그림책감정코칭지도사
6. 노인그림책긍정심리지도사
7. 긍정심리인성지도사

❏ 연락처

네이버 검색: 마음나라연구소

생각을 실천하는
품격 있는 습관

　습관은 정말 무섭다. 몸에 배어 나도 모르게 반복적인 행동으로 나타난다. 손가락 빨기, 손톱 물어뜯기, 다리 떨기 등 자연스럽게 행동으로 나타나고, 누군가 이야기해 주지 않으면 그 행동을 하고 있는지조차 인지하지 못하는 경우가 많다.

　특히 반복되는 일상을 보낼 때는 생각보다 몸이 먼저 움직인다. 누구나 한 번쯤 겪는 일상의 습관들이 참 많다. 외출하다 출근 경로로 이동 중인 자신을 발견할 때도 있고, 지하 2층에 주차했음에도 늘 주차하던 지하 1층에서 차를 찾아 헤매는 경우도 있다.

　일상생활에 어려움이 있는 경우에는 습관을 고치려 노력하지만 큰 어려움이 없는 경우는 애써 고치려 하지 않는다. 하지만 나를 성장시키는 습관은 가꾸어가고, 일명 나쁜 습관은 버려야 한다. 하면 할수록 나를 성장시키고 삶의 질을 높일 수 있는 습관, 그것이 바로 '**품격 있는 습관**'이다. 누구나 습관 하나쯤은 가지고 있다. 자신이 가지고 있는 품격 있는 습관을 알아차리거나 그러지 못하는 것은 자신의 몫이다.

　직장 생활 9년 차가 되던 해에 나의 품격 있는 습관을 찾아준 상사를 만났다. *"김 선생은 배운 걸 행동으로 옮기려고 노력하는 습관이 참 좋은 것 같아. 똑같은 것을 배워도 그걸*

해보는 사람은 많지 안 거든. 배운 것을 그렇게 실천하다 보면 모두 김 선생처럼 될 거야."

그전까진 내 습관에 대해 깊이 생각해 본 적이 없었다. 상사 덕분에 새롭게 알게 된 내 습관은 '실천하기 위해 노력하는 것'이었다. 이때부터 나는 기회가 되면 배우려 했고, 배우고 생각한 것들은 실천하기 위해 노력했다. 누구나 아는 것과 배운 것을 실천하는 것은 아니기 때문에 해보는 것과 해보지 않는 것은 매우 큰 차이가 있다는 것을 몸소 깨닫게 되었다.

실천하려는 노력의 중요성과 기쁨을 나만 알고 있을 수 없었다. 처음으로 2020년 12월 31일 가족이 함께 모여 각자의 새해 계획을 적어 거실에 붙였다. 각자 생각한 계획의 성공을 위해 노력했다. 가족과 많은 시간을 함께 보내겠다는 남편은 주말이면 가족 곁에 있어 주었고, 다이어트를 하겠다는 나는 몸을 더 많이 움직이려고 노력했고, 대학 입학을 하겠다는 큰아들은 학교생활을 열심히 했고, 휴대폰을 적게 보겠다는 둘째도 노력했다.

한 해를 마무리하며 다시 한자리에 모였다. 먼저 각자의 노력과 성공 여부에 관해 이야기했다. 성공한 것도 있지만 계획을 100% 성공하지는 못했다. 그러나 다양한 경험과 노력이 성장의 밑거름이 될 수 있다는 것을 알기에 '성공해야 한다'는 스트레스보다 실천해 보면서 배우는 기쁨을 더 중요하게 생각했다.

새해가 되면 많은 사람이 계획을 세운다. 계획을 실천하기 위해 노력하다가 자기의 계획이 무엇이었는지조차 잊거나 중간에 포기하는 경우도 있다. 아무런 계획 없이 한 해를 보내는 경우도 있다. '작심삼일(作心三日)'로 끝나더라도 계획을 세우는 것을 추천한다. '작심삼일(作心三日)'이라도 좋으니, 계획을 세우고 행동으로 옮겨라. 삼일이 모이다 보면 365일이 된다. 계획 없이 소중한 시간을 보내는 것보다 '작심삼일(作心三日)'이라도 좋다.

모든 계획에 다 성공하기는 어려워도 생각에 머무르지 않게 실천하고 노력해야 한다. 그 작은 노력과 경험들이 나를 성장시키는 품격 있는 습관이 된다. 성적을 올리고 싶은 사람은 공부를 해야 하고, 건강하고 날씬한 몸을 원한다는 사람은 식단 조절과 운동을 해야 한다. 참으로 당연하지만, 그 당연함을 노력하지 않고 얻으려는 생각을 버려야 한다.

머릿속에 맴도는 계획이나 생각은 현실이 아니다. 생각이 실천이라는 노력으로 나타날 때 현실이 된다. 생각을 행동으로 옮기는 노력이 쌓여 자연스럽게 반복될 때 내 것이 되고 나의 습관이 된다. 그 습관이 내 것이 될 때 삶의 질은 높아진다. 실천하려는 품격 있는 습관이 바로 자기를 성장시키는 하나의 방법이다.

내일이면 과거가 되는 오늘을 생각하며 '어제라도 시작하길 참 잘했어'라고 자신에게 이야기해 줄 수 있도록 지금 바로 실천해라. 오늘도 노력하고 실천하는 품격 있는 습관으로 멋진 하루가 되길 바란다.

no.7

이연화

❏ 소개

1. 작가 - 《 내 삶의 귀인 》공저책 출간
2. 한국그림책작가협회 회원
3. 경기도사회복지사협회 회원
4. (사)한국동화구연지도사협회 회원
5. 그림책작가 - 《날아라, 민들레야》: 관내도서관배포용
6. 그림책지도사
7. 닉네임: 그림책과 함께

❏ 연락처

1. 네이버 검색: 그림책과함께
2. 인스타 검색: lover_b00k

나를 꿈꾸게 하는
독서 습관

　어린 시절 나는 책 읽기를 좋아하지 않았다. 독서보다는 놀기를 좋아해서 들로, 산으로 놀러 다니며 시간을 보냈다. 시골이다 보니 책을 구하기도 쉽지 않았기 때문에 독서에 관심을 두지 못했던 것일 수도 있다. 그래도 언니들이 서울에서 보내주는 세계 명작동화는 재미있게 읽었던 기억이 있다.
　방학이면 제출해야 했던 〈독서록 쓰기 숙제〉를 생각하면 지금도 머리가 지끈거린다. 누구나 그럴 것이다. 학창 시절에 지긋지긋했던 독서가 아이러니하게도 아이를 가지면서 좋아졌다. 태교라는 이유도 있었지만, 시집살이의 유일한 도피처이자 나만의 19호실이었던 근처 동네 서점과 도서관은 나에게 많은 영향을 주었다.

　"책을 읽을 때는 그 모든 것을 스스로 상상해야만 하니… 독서란 끝없이 창조해 나가는 행위일 수밖에요." 〈다니엘 페나크〉

　시간이 날 때마다 책을 읽었다. 뚜렷한 장르를 고집하는 편도 아니었다. 그저 눈길이 끄는 제목이나 표지가 있으면 몇 번이나 읽고 또 읽었다. 세계 명작동화, 만화, 판타지 그림책, 소설, 다양하게 읽다 보니 편독 없이 자연스럽게 다양한 주제와 분야의 책을 읽게 되었다.

독서하는 습관은 내게 크게 3가지의 변화를 가져다주었다.
첫 번째, 많은 '경험'을 하게 해 주었다. 물론 직접 경험하면 좋겠지만 간접 경험만으로도 충분했다. 첫 책은 『행복한 왕자』라는 세계 명작동화였다. 어려운 사람들을 위해 자기의 모든 것을 나누어주며 행복해하는 왕자의 모습은 대가를 바라지 않고 주는 행복이 얼마나 숭고한 일인지를 생각하게 해 주었다.

두 번째, 마음의 '치유와 용기'을 얻게 되었다.
인간관계는 참 어렵다. 관계에 아픔과 상처가 있는 나에게 큰 두려움이었다. 하지만 그런 나에게 다시 사람들 앞에 설 수 있는 용기를 갖게 해주었다. 이철환 작가의 『연탄길』을 읽은 후였다. 절망 가운데서도 용기를 내어 나아가는 주인공들의 이야기는 나를 다시 일으켜 세워주었다. 세상은 어려운 상황들이 계속 일어나고 경험해야 한다. 하지만 포기하지 않고 나아가는 주인공들로 인해 내 마음의 상처를 보듬고, 살아갈 희망을 품을 수 있었다.

세 번째, '작가로서의 꿈'을 꾸게 했다.

독서하다 보니 다양한 작가들의 에세이들도 접하게 되었다. *'나도 내 이야기를 써보고 싶다*'라는 생각이 들었다. 네이버 블로그를 개설하고 일상에서 느끼는 감정이나 생각들을 포스팅했다. 포스팅을 올리면서 방문해 주시는 블로거들이 한 분 한 분 생기고, 공감의 댓글을 달아주셨다. 그러다 책을 함께 쓰고 싶다는 제안을 받게 되었다. 신기하고 기분이 참 묘했다.

세상에 이럴 수가 있는가 싶었다. 비로소 알게 되었다. 꾸준함이 주는 힘이 이리도 대단하다는 것을 말이다.

지금도 꾸준히 독서 습관은 계속 이어지고 있다. 앞으로도 그럴 것이다. 오늘의 나를 있게 한 것이 바로 '독서 습관' 꾸준히 해옴에 있기 때문이다. 습관이 무섭다는 것을 경험했다. 좋은 습관이나 나쁜 습관을 들이는 건 나에게 달려있다.

어떤 좋은 습관이든 열심히 하다 보면 분명 멋진 열매를 맺게 될 것이다. 독서의 즐거움은 어떤 즐거움보다도 크다. 나는 독서를 통해 세상 속에서 자유로워지는 마음을 얻게 되었다. 삶의 평온함을 얻을 수 있다는 것이 얼마나 소중한 일인지 난 '독서 습관'으로 인해 알게 되었다.

더 나은 내가 되고 싶다면 '독서 습관'을 추천한다.

no.8

이형은

❑ 소개

1. 강남대 도서관학과 졸업
2. 한국열린사이버대 뷰티건강디자인학과 졸업
3. 사서 자격증, 북큐레이터, 독서 지도사
4. 책쓰기 지도사, 출판 작가 마스터
5. 미용사 면허증, 운동 처방사

❑ 연락처

1. 이메일: lhe1239@naver.com
2. 블로그: https://blog.naver.com/lhe1239

당신은 지금 성공 습관의 흐름에 올라탔는가?

　명실상부한 세계 피겨계의 여왕, 퀸(Queen) 김연아 선수는 도전과 일, 습관에 관한 다양한 명언을 남겼다.
　"처음부터 겁먹지 말자. 막상 가면 아무것도 아닌 게 세상에는 참으로 많다. 첫걸음을 떼기 전에 앞으로 나아갈 수 없고, 뛰기 전에 이길 수 없다."
　돌아보면 우리의 일상에서 두려움 때문에 시작할 엄두도 못 낸 채 놓치는 일들이 참 많다. 그런데 어떤 일은 막상 부딪쳐 보면 생각보다 그리 어렵지 않게 해낼 수 있다. 시작도 해보지 않고 어려울 것이라고 미리 짐작해서 흘려보냈던 일 중에는 예상보다 쉽게 해낼 수 있는 것들이 많다.
　이런 시도가 중요한 이유는 두 가지다. 일단, 일이 어려운지 쉬운지에 대한 감을 익힐 수 있다. 경험과 경력은 그래서 중요하다. 일 경험이 많이 축적될수록 정말 어려운 일인지, 아닌지 볼 수 있는 안목이 길러진다. 지레짐작하고 포기해 버리는 경우가 줄어든다는 말이다.
　두 번째 이유는 빠르게 일을 착수한 덕분에 시간을 벌게 된다는 것이다. 그럼, 진짜 어려운 다른 일에 더 많은 시간을 쏟을 수 있고, 난도 높은 일의 성공 가능성은 그만큼 커진다. 난도 높은 일에 시간을 더 많이 쏟게 되니 전반적으로 성공하는 비율은 늘어나게 된다. 수능시험에서 비교적 쉬운 문제를 빠르게 풀어내고 어려운 문제에 집중해서 좋은 점수를 내는 이치와 비슷하다.

기억하자. 내가 마주하는 모든 일이 끝판 괴물처럼 어려운 것만은 아니다. 그중에는 쉬운 일이 있다. 쉬운 일을 재빠르게 처리하면서 노력과 시간을 관리하는 것도 일을 잘하고 성공하는 〈습관〉 중 하나다.

"습관에 한 번 빠지면 우리 힘으로는 도저히 그 습관에서 벗어나 우리 자신에게 돌아올 수 없으며, 습관의 규칙과 이치를 따져볼 수 없게 된다." -미셸드 몽테뉴-

"습관은 나무껍질에 새겨놓은 문자 같아서 그 나무가 자라남에 따라 확대된다." -새뮤얼 스마일스-

"책 읽는 습관을 기르는 것은 인생의 모든 불행으로부터 스스로를 지킬 피난처를 만드는 것이다." -윌리엄 서머싯 몸-

"행복의 비밀은 올바른 습관에 있다." -세네카-

"우리가 습관을 만들지만, 그 후에는 습관이 우리를 만든다."

"습관의 사슬은 처음에는 너무 가벼워서 느낄 수 없고, 나중에는 너무 무거워서 끊을 수 없다." -워런 버핏-

"네 믿음은 네 생각이 된다. 네 생각은 네 말이 된다. 네 말은 네 행동이 된다. 네 행동은 네 습관이 된다. 네 습관은 네 가치가 된다. 네 가치는 네 운명이 된다." -마하트마 간디-

김연아 선수의 성공 습관은 단순한 재능이 아니라, 철저한 자기 관리와 어떤 분야에서든 반복적인 연습과 습관이 결국 초격차 차이를 만들었다. 버락 오바마 전 미국 대통령은 책으로 흥한 사람이다. 어린 시절부터 책을 끼고 산 독서광으로 유명하다. 대통령 퇴임 직전 뉴욕타임스와의 인터뷰에서 *"아무리 피곤해도 취침 전에는 한 시간씩 책을 읽었다"*라고 했다. 잡지 〈석세스〉의 창간자인 오리슨 스웨트마든은 *"습관은 처음 시작될 때는 보이지도 않는 얇은 실과 같다. 그러나 습관을 반복할 때마다 실은 두꺼워지며, 생각과 행동을 꼼짝없이 묶는 거대한 밧줄이 될 때까지 한 가닥씩 보태진다."*라고 했다.

나의 습관은 회사에서 점심 식사 후에는 꼭 15분에서 30분 정도는 햇빛을 보면서 산책하고, 틈틈이 시간이 나면 계단 운동과 간헐적 단식을 종종 하는 것이다. 덕분에 당뇨가 정상이고, 삶의 활력소가 생겼다. 저녁때는 독서를 30분에서 한 시간씩 하고 책 쓰기를 하고 있다. 우경하 작가님의 옴니버스 인생 책 쓰기 100권 프로젝트에 도전하고 싶은 욕망이 생겼다. 그런데 가끔 쓰기 싫어질 때가 생기면, 조셉 M. 마셜의 책 『그래도 계속 가라』의 부제인 '그만두고 싶을 때, 딱 한걸음만 더!'라는 문장을 생각한다. 그러면 다시 내 안에서 열정이 솟는다. 내 인생의 성장과 열정의 지침서였다.

"왜 그 사람들은 하는 일마다 잘 되는 것일까?
당신은 지금 성공 습관의 흐름에 올라탔는가?
뭘 해도 잘되는 사람들의 비밀을 찾아라!

no.9

심푸른

❑ 소개

1. 전남대학교 석, 박사학위 취득
2. 대한웰다잉협회 전문 강사
3. 대한웰다잉협회 광주 남구 지회장
4. 노인 사별 배우자 전문상담사
5. 노인통합교육지도사
6. 노인심리상담사
7. 닉네임: 푸른샘

❑ 연락처

1. 이메일: mindonbook@naver.com
2. 블로그: https://blog.naver.com/simbluebook

실행력, 내 삶의 자원

나는 결단력과 추진력으로 목표를 향해 빠르게 나아간다. 가족에게 나의 가장 좋은 습관이 무엇이냐고 물었다. 바로 실행력이라고 했다. 모두 동의할 정도면 나의 실행력은 인정받은 셈이다.

빠른 선택은 실행에 소요되는 시간을 줄여준다. 때론 신속한 결정으로 인해 후회하거나 놓친 부분이 생긴다. 그러나 아무것도 하지 않으면 아무 일도 일어나지 않는다. 후회나 실패도 행동을 선택한 데 따르는 대가다. 그래서 거저 오는 것이 아니기에 값진 것이다. 이는 곧 기회를 놓치지 않고 선점할 수 있다는 의미다.

대부분에 사람은 정보를 접하고 선택지가 주어지면 머뭇거리기 마련이다. 선두주자가 먼저 결과치를 보여주어도 듣고 감동하는 데 그친다. 본인이 실행해 보려고 하는 사람을 만나기 쉽지 않다. 어떤 일을 하든지 계기가 있다. 그 계기는 우리가 붙잡았을 때 내 소유가 되는 것이다.

나는 '*나는 배운다. 그리고 일한다*'라는 생각으로 용감하게 도전하고 배우며 여기까지 왔다. 내가 가진 자산은 대부분 내가 도전하고 뛰어들어서 행동한 결과다. 실패를 통해 다양한 경험을 쌓았고, 새로운 가능성을 발견했다.

내 인생의 소중한 경험은 많은 시간과 돈과 에너지를 쏟았기 때문에 내 자원이 되었다.

내가 값진 경험을 얻기까지 대표적으로 꼽는 세 가지 습관이 있다.

첫째, 초긍정적인 사고 습관이다. 생각을 바꾸기 위해서 노력해야 한다. 원영적 사고는 사회적으로 밈(meme)으로 유행하며, 많은 사람에게 긍정적인 영향을 미쳤다. 어떤 상황에서도 긍정적인 면을 찾아내고, 자신을 믿고 사랑하는 건강한 태도를 의미한다.

나는 부정적인 상황에 놓였을 때 1분 이내에 긍정적으로 전환하려는 습관을 들여왔다. 최근에 학교 앞 카메라에 주정차 위반 과태료 12만 원을 낸 적이 있다. 15분 이상일 때 찍힌다는 사실을 알고 속히 옮겼고 안심을 했지만 2주 후에 날아든 고지서. 1분 차이였다. 지독하게 속상했다. 그러나 마음 건강을 위해서 과태료를 납부해 버렸고, 기억 저편으로 밀어냈다.

둘째, 배우는 습관이다. 배움은 투자가 뒤따라야 한다. 배움은 저마다 자기 몫을 찾아가는 길에서 선택이 아닌 필수다. 눈앞에 들이가는 금액이 아까워서 다른 선택지를 생각하다 보면 그 순간의 기회를 포착하지 못할 때가 많다. 그래서 마감 효과를 적절히 활용하는지도 모른다. 기회는 때로 자주 오지 않을 때가 많다. 또한 자주 온다면 오히려 기회를 붙잡으려고 하지 않고 미루게 된다. 기회를 잡는 것도 용감하게 도전하는 것이다. 우연히 기회를 잡을 수 있는 것도 준비된 사람에게 해당하는 말이다.

셋째, 미루지 않는 습관이다. 이것이 시간을 아끼는 길이다. 나는 시간을 투자하면 대가를 반드시 거두고 싶어 한다. 그러려면 부지런해야 한다. 미루는 것도 습관이 되기 쉽다. 미룬다면 내일은 없다. 내일을 지키기 위해서, 꿈을 위해서 미루기는 금물이다.

위와 같은 습관은 실행력이 뒷받침되어야 한다. 그래서 실행에 옮기는 추진력이 필요하다. 일단 시작하면 된다. 우리는 자유롭게 선택할 수 있으나 그 자유는 항해를 위한 시작이다. 시작하지 않으면 연습은커녕 아무것도 할 수 없다. 그래서 실행에 옮기는 추진력이 필요하다. 그리고 실행하는 습관을 만들기 위해서는 꾸준한 노력이 필요하다. 실행하는 습관을 통해 자신의 꿈을 향한 항해를 시작할 수 있다.

"아무것도 하지 않으면 아무 일도 일어나지 않는다."

나는 사람들의 삶에 긍정적인 변화가 일어나기를 응원한다. 자신의 삶을 변화시키는 습관이란 미루지 않고 실행에 옮기는 것이다. 꿈을 이루는 내 삶의 자원은 바로 실행력이다.

no.10

김황연

❏ **소개**

1. 타로&사주 직관상담사.
2. 전자책 크몽에 3편 출판
   - 사찰기도 제대로 하는 나만의 노하우)
   - 황오라클이 추천하는 사찰여행(서울편)
   - 타로카드로 소통하는 나만의 노하우
3. 알라딘 서점 "나를 알리는 시간" 전자책 공저
   알라딘 서점 "오픈 카톡방 수익화의 비밀" 전자책 공저
4. 한국콘텐츠능률협회 AI 아트 공모전 시화 장려상 수상

❏ **연락처**

1. 블로그: https://blog.naver.com/hwangoracle
2. 네이버 검색: 황오라클

작은 습관들이
모여 만든 큰 변화

　매일 반복하는 작은 습관들이 중요하다는 것을 알면서도, 작심삼일로 끝나기 일쑤였다. 그러던 중 코로나 팬데믹을 겪으며, 삶이 운명이 아니라 환경에 의해 크게 좌우될 수 있음을 깨달았다. 백신 부작용을 경험하며, 내 의지와 상관없이 생을 마감할 수도 있겠다는 두려움이 밀려왔다. 그때 문득, 내 이름이라도 남기고 싶다는 생각이 들었다. 그렇게 시작한 것이 바로 블로그에 매일 글을 쓰는 습관이었다.

　하루하루 쌓아온 습관이 결국 나를 만들고, 내 삶을 바꾼다는 것을 깨달았다. 작은 글 한 편을 쓰면서 나만의 루틴을 만들었고, 그 습관이 삶을 단단하게 지탱해 주었다.

　예전에는 늦은 밤까지 책을 읽거나 드라마를 보느라 아침이 항상 피곤했다. 하루가 흐트러지고 무기력한 날들이 이어졌다. 하지만 6시에 기상하는 습관을 들인 후, 내 삶이 달라졌다. 아침 30분을 온전히 나만을 위한 시간으로 활용하기 시작했다.

　간단한 스트레칭과 명상을 하고, 그날 해야 할 일을 메모하며 하루를 준비했다. 아침을 어떻게 보내느냐에 따라 하루의 컨디션이 결정되었고, 해야 할 일을 미리 해놓으니, 하루가 길게 느껴지면서 여유가 생겼다. 단순한 변화였지만, 삶의 주도권을 내 손에 쥔 듯한 기분이 들었다.

한때 나는 삶이 불만투성이였다. 부족한 것만 보였고, 늘 만족하지 못했다. 그러다 어느 날, 매일 밤 감사한 일을 적어보기로 했다. 처음에는 억지로 적었지만, 점점 내가 가진 것들에 감사하는 마음이 들기 시작했다. 오늘 가장 좋았던 순간과 감사한 일을 기록하면서 삶을 돌아보게 되었고, 자연스럽게 세상을 바라보는 시선이 달라졌다. 마음속 불만이 줄어들고, 긍정적인 태도가 자리 잡았다.

중년이 되면서 체력의 한계를 절감했다. 몸이 무거워지고 쉽게 피곤해졌다. 그러던 중 하루 30분 걷기와 스트레칭, 요가를 시작했다. 운동이 습관이 된 후, 내 몸과 마음이 모두 변했다. 체력이 향상되면서 하루의 활력이 달라졌고, 나이가 들수록 운동이 단순한 다이어트가 아닌 삶의 필수 요소임을 깨달았다. 건강한 삶을 위해서는 꾸준한 관리가 필수라는 사실을 몸소 실감했다.

예전에는 감정이 치솟으면 그대로 드러냈다. 하지만 감정을 조절하는 능력이 삶의 질을 결정한다는 것을 깨닫고, 감정을 다스리는 몇 가지 습관을 만들었다.

화가 날 때 즉각 반응하기보다 깊은숨을 들이마시고 내쉬는 연습을 했다. 그 결과 불필요한 후회가 줄어들었고, 대인관계도 더 원만해졌다. 감정을 통제하는 것은 곧 인생을 통제하는 법을 배우는 것이었다. 감정을 다룰 줄 알게 되면서 삶이 한결 평온해졌다.

나이가 들면서 시간을 더 효율적으로 활용해야 한다는 것을 깨달았다. 새로운 것을 배우는 것이야말로 삶을 풍요롭게 만드는 열쇠였다. 그래서 매달 한 권 이상 책을 읽고, 관심 있는 분야의 강의를 듣기 시작했다. 새로운 취미에 도전하는 습관을 들이며, 변화를 두려워하지 않고 배우는 즐거움을 찾았다. 배움은 나이를 가리지 않고 삶을 더 흥미롭게 만든다는 것을 실감했다.

이 모든 습관은 거창한 것이 아니었다. 하지만 꾸준히 실천하니 어느 순간 삶이 달라졌다. 작은 변화가 결국 큰 차이를 만든다는 것을 몸소 경험했다.

변화는 하루아침에 이루어지는 것이 아니다. 처음에는 어려울 수도 있지만, 작은 걸음 하나하나가 모이면 큰 변화를 만든다. 꾸준히 실천하면서 자신을 믿고 앞으로 나아가면, 어느 순간 더 나은 삶을 살고 있는 자신을 발견하게 될 것이다.

습관은 어느새 내 인생의 방향을 바꾸어 놓았다. 오늘이 힘들다면, 작은 습관 하나라도 만들어 보길 바란다. 그것이 당신의 삶을 변화시키는 첫걸음이 될 것이다.

내 삶을 바꾼 습관

2장

아픈 나를 치유한 습관들

11. 장예진	12. 양 선
아픈 나를 치유한 습관들	나를 만든 세 가지 아침 습관

13. 신두호	14. 이단비
포기하지 않는 나를 만드는 습관	최고의 나를 만든 생활 습관

15. 강화자	16. 조대수
나의 작은 성공 루틴들!	고민만 하다 늙을래? 일단 해!

17. 김순란	18. 정소영
최고의 나를 만든 습관, 새벽 운동!	최고의 나를 만든 '긍정 마인드'

19. 장선희	20. 유병권
기억은 기록을 이기지 못한다	죽음을 두렵지 않게 하는 생각 기르는 습관들

no.11

장예진

❏ **소개**

휘게 심리상담센터 대표
보육교사, 사회복지사, 평생교육사, 다문화교원 자격증
상담심리 치료 박사(PHD), 미술치료사 심리검사 전문가
1급상담심리 치료사, 언어 치료사
애니어그램 상담 강사 성폭력 상담 전문가
가정폭력 상담 전문가 학교폭력 상담 전문가
갈등조정 상담사 이마고 부부 상담사
인성지도사 1급 독서 논술 지도사
* 저서: 무심에서 감성으로 감성시집(공저)
　　　　쪼가 있는 사람들의 결단(공저)

❏ **연락처**

이메일: cosmos9377@hanmail.net
블로그: https://m.blog.naver.com/jso0426/222466689265
유튜브: 장예진TV
전화: 010-2449-9377

아픈 나를 치유한 습관들

뇌경색약을 복용한 지 17년이 되었다. 다리의 통증이 톱으로 베는 듯 아파서 약을 먹었는데 5개월을 두통과 설사로 인해 에너지가 소진되었다. 체중은 38킬로가 되었고 물을 포함해서 아무것도 못 먹고 자신감을 상실했다. 백과사전이 백지사전이 되었다. 넋 놓음 속에서 정신 차리고 나답게 살아보고 싶었다. 아파 보면 건강의 가치를 알 수 있다.

어떤 일에 관심을 두고 있는가? 마음 밭에 무엇을 심고 싶은가? 어떤 습관이 가치 있는 삶이 될까? 지혜로운 습관으로 살면 어떻게 살게 될까?' 이런 질문들을 습관적으로 하면서 마음을 관리했고 나 자신과 많은 대화를 했다.

나를 나답게 하는 것은 무엇인가? 남은 인생을 어떻게 보람 있게 살아야 할까? 내가 가진 모든 것들이 나를 행복하게 하는가? 내 삶의 어떤 습관이 나의 꿈을 이룰 수 있는가? 내 마음을 지킬 수 없도록 방해하는 걸림돌은 무엇인가? 건강을 회복하는 데 최선을 다해야겠다.

날마다 내 마음을 청소하는 습관으로 보냈다. 행복한 삶을 위한 공식은 자신이 속한 곳에서 사랑하는 이들과 함께하며 삶의 목적을 위해 하고 싶은 일을 하는 것이다. 나에게 정말 필요한 것은 무엇이고 내가 무엇을 원하는가를 찾아 떠나는 여행의 삶이 되었다.

지금 나는 건강하다. 그동안 잘 살아와서 감사하다. 날마다 말하는 습관이 나를 뇌졸중 환자, 전신 마비에서 벗어나게 했다. 또한 책 쓰기의 습관이 내 삶을 바꾸기 시작했다. 목표 의식과 성취감으로 내 생각과 마음이 회복되기 시작했다. 나 연구소 우경하 대표의 [옴니버스 인생 책쓰기] 프로젝트의 제목들은 나를 집중하게 했다.

사람의 입에서 나오는 나쁜 30초의 말 한마디가 상대방의 가슴에 30년간 아픔과 상처를 주게 된다. 마음에 한이 되고 고통을 줄 수 있다. 상담소를 찾는 많은 사람이 마음의 상처를 호소한다. 청소년들이나 청년들 성인들도 낮은 자존감을 느끼게 되는 모습을 보게 된다.

자신감을 상실하고 방에만 있는 부류와 불안감에서 우울증으로 공황장애까지 호소하는 사람들을 많이 상담하고 있다. 대화를 나눌 때 현재의 감정을 관찰하면서 경청하고 들어야 했다.

좋은 습관은 자신을 살리는 강력한 무기가 되고 나쁜 습관은 자신을 해치는 또 다른 무기가 된다. 습관은 한 사람의 삶에 결정적인 영향을 미친다. 그렇기에 좋은 습관을 들이려고 노력하고 나쁜 습관은 버리는 습관 또한 매우 중요하고 필요하다. 습관으로 인해 한 사람의 인생이 바뀐다.

늘 인생길이 평안하게 살아가면 좋겠지만 상상하고 싶지 않은 사건들을 많이 겪으면서 살다 보니 어느새 70대가 되었다. 힘도 들었지만 깨달아야 할 때 스스로 깨달을 수 있는 환경이 주어진 것으로 생각하며 받아들이고 감사한다.

벼랑 끝에서 나 자신을 회복하는 삶을 살게 되었다. 억울한 누명과 여러 가지 많은 사건을 겪어보면서 결벽증을 치유하게 되었다. 이후 나는 사람의 마음에 상처를 치유하는 전문 상담사가 되었다. 아픔이 많았기에 타인의 아픔에 공감할 수 있고, 울고 있는 사람들과 함께 울어준다.

자연이 보고 싶어서 천마산으로 올라갔다. 솔솔 부는 바람이, 소나무 냄새가, 새소리가 기분이 좋아지고 마음이 비워지기 시작했다. 나무 의자에 앉아서 나를 돌아보게 되었다. 산에서 내려와서 성전으로 들어서는 순간 마음의 평안으로 채워지기 시작했다.

'내가 너를 도우리라. 내가 너를 굳세게 하리라. 너를 크게 사용하리라' 벼랑 끝에서 자신을 회복하는 삶을 사람들과 해결하지 않았다. 하나님과 대화하고 찬양 부르며 기도하면서 회복하는 삶을 습관으로 살아왔다.

삶의 가장 중요할 때는 바로 지금이다. 벼랑 끝에서 나를 회복하게 한 습관은 책 읽기와 쓰기였다. 우경하 대표님의 옴니버스 인생 책쓰기 삶의 여정을 함께 할 수 있어서 행복하다.

위기 속에서 변화를 만드는 습관의 힘을 믿는다.

no.12

양 선

❏ **소개**

1. 여여나무연구소 대표
2. 여여나무연구소 출판사 대표
3. 체질 직업전문가,
   기획 프로그램전문가 [心記心出]
   당신 인생 운전대 안녕하신가요?
4. 한국작가협회 이사겸 김해지부장
   한국자서전협회 김해 지부장
5. 전자책, 공동저서, 장애인 전자출판, 재활전문서적,
   자서전 출판 전문,
6. 전자책, 종이책 기획포함 20권이상 출판 현재 계속 진행
   옴니버스 시리즈 1편 ~4편까지 베스트셀러 등극
   5편 내 삶의 질문 출간 예정
7. 부산진구봉사센터 캠프장 가야2동 5년차

❏ **연락처**

1. 네이버 검색: 양선
2. 블로그 검색: https://bing.naverc.om/

나를 만든
세 가지 아침 습관

난 항상 3가지의 습관으로 하루를 움직인다.

☑ **첫 번째 새벽 기상이다.**

난 늘 새벽 기상을 한다. 어릴 때부터 해서 지금까지 습관이 되었다. 새벽 기상과 함께 모든 일을 진행한다. 새벽 기상은 나에게 24시간이 아닌 48시간 같은 시간을 선물해 준다. 아침에 일어나서 양치질 후 물을 마시고 하루를 시작한다. 나의 하루는 시아버님과 딸과 아들을 보살피면서 내 일정을 정리하는 것부터 시작된다.

그리고 명상을 한다. 명상은 머릿속 찌꺼기를 배출해서 단순하게 만드는 작업을 한다.

여러분은 어떤 습관으로 하루를 시작하는지 궁금하다. 나의 하루는 남들과 다르다. 혼자가 아닌 늘 가족과 함께 움직인다. 분신처럼….

나의 하루는 다른 이들의 3일 정도에 해당하는 일을 하는 것 같다. 시아버지·딸·아들을 보살피고 공부를 함께 하려면 남보다 배로 뛰어다니고 쉼 없이 움직인다. 그래서 나의 일과는 새벽 4시 30분부터 시작된다. 조금이라도 늦게 일어나면 하루가 정신이 없다. 여유 있게 일어나서 쉬더라도 새벽부터 움직인다. 그럼 특별하게 다른 일정이 추가하지 않는 한 자연스럽고 편안하게 하루가 진행된다.

☑ **두 번째 습관은 아침 인사다.**

당연한 습관이지만, 제일 힘들다. 식구들이 기상하면 늘 똑같은 말을 한다. 시아버님, 시어머님께는 "*안녕히 주무셨나요!?* 아이들에게는 이름을 부르면서 "*잘 잤나요!*" 남편에게 "*좀 쉬었나요!*"라고 먼저 말을 건넨다. 그럼 다들 잘 자고 잘 쉬었다고 대답을 해 준다. 아침 인사를 하고 난 후 식구들이 식사를 즐겁게 한다.

대 식구가 함께 있는 우리 집은 이런 습관이 없으면 규칙이 깨어진다. 아침 인사 없이 하루를 시작하면 삭막해진다. 그래서 아침은 아무리 힘들어도 꼭 한다. 가끔은 아재 개그처럼 욕이 나오면 다들 한바탕 웃기도 한다. 이 오랜 습관으로 가족들이 기분 좋고 활기차게 하루를 시작한다.

☑ **세 번째는 예쁜 언어다.**

식사 후 출근과 등교를 할 때 잘 다녀오라는 인사와 함께 "**감사합니다. 고마워요. 사랑해요.**"라는 말을 건넨다. 그렇게 기분 좋게 하루를 시작한다. 시어머님의 언어는 내가 사용하는 언어와는 다르다. 그래서 난 늘 좋은 언어로 듣기 방법을 연습한다. 처음은 쉽지 않았다. 연습 후 기분 나쁜 언어도 좋게 들리게끔 해서 바른 언어를 사용한 후 조금씩 달라지고 있다.

이렇게 나는 바른 언어와 바른 생각으로 하루를 움직인다. 이 세 가지 연결이 잘 안되면 하루 리듬도 깨어진다. 처음에는 아주 힘들었지만, 지금은 내가 스스로 선택할 수 있는 상황이 되어서 너무 행복하다. 몸이 아프거나 여행 등으로 일정이 바뀌거나 혹은 어르신들과 일정이 있을 때 빼고는 똑같은 습관이다. 지금은 매우 자연스럽다. 이 습관은 나의 하루 일정이면서, 나를 잡아 주는 고마운 선물이다.

가끔 늦게 일어나는 딱 한 가지 이유가 있다. 다음 일정이 여유가 있거나 다른 일정이 없을 때는 늦게 기상해서 그날의 일을 정리한다. 이런 습관들 덕분에 많은 부분이 좋아졌다. 나만의 좋은 에너지를 만들었고, 글쓰기, 책 쓰기 공부를 계속할 수 있어서 매우 행복하다.

부지런히 움직이고 인사하고 공부하는 이런 습관들이 내 삶을 성공적으로 만드는 역할을 했다. 때론 삶이 힘들기도 하지만 웃으며 살 수 있게 도와주는 원동력이 된다. 또한 스트레스 해소 방법도 된다. 꾸준한 글쓰기 책 쓰기로 나의 힘과 에너지를 계속 채워 나가고 있고 내 가족에게도 에너지를 주려고 노력하고 있다.

'나를 만든 세 가지 아침 습관'

이 원고의 제목처럼 지금도 나를 만들기 위해서 움직이면서 글을 쓰고 있다. 이런 좋은 습관을 유지하면서 신체적 정신적으로 힘든 부분을 이겨내고 하루하루를 잘 살아가는 것이 나의 행복이다.

no.13

신두호

❏ 소개

1. (주)프레스티지코스메틱코리아 대표
2. 피부 미용사 국가기술자격증 보유
3. 스킨케어 브랜드(더마 사이언스/DPS/비씬 등) 런칭
4. 에스테틱 브랜드(레파차지/산수시) 최초 홈쇼핑 런칭
5. 서울 대학교 EMBA 경영대학원 석사
6. 워싱턴 주립 대학교 경제학 학사

❏ 연락처

이메일: dooho3323@naver.com

포기하지 않는
나를 만드는 습관

나는 겁쟁이였다. 문제를 직면하고 돌파하려는 마음보다는 피해 가려는 마음이 항상 먼저였다. 왜냐하면 충돌로 인한 불편함을 느끼고 싶지 않았기 때문이었다. 그리고 무엇보다 실패로 인한 좌절감을 느끼기 싫었기 때문에 문제가 앞에 있으면 줄곧 피했었다. 40이 넘어서야 깨달은 거지만 이런 태도는 내가 지레 겁먹고 달성할 수 있는 목표를 먼저 포기하는 행동이었다.

내가 이런 태도를 가지게 된 이유를 생각해 보면 아이러니하게도 어렸을 때부터 큰 부족함이 없이 생활하며 걱정 없이 살아왔기 때문이다. 어렸을 때 미국에서 유학 생활을 하며 다양한 경험을 쌓았고 대학 졸업 후 한국에 돌아와 제대했다. 비교적 쉽게 직장을 얻었고, 이후 부모님이 운영하시던 사업을 이어받아 안정적인 생활을 하며 살아왔다. 이 안정적인 생활에 너무 오래 젖어 있다 보니 문제를 직면하지 않고 피하는 태도가 내 삶을 차지하고 있었다.

그러다 2019년 코로나 팬데믹으로 인해 운영하던 사업의 매출이 가파르게 떨어지기 시작했다. 30년 넘게 이어오던 가족 사업을 내가 본격적으로 운영을 시작한 시점에 접어야 할지도 모른다는 위기감을 느끼면서, 처음으로 큰 불안감을 경험했다. 아침에 눈을 뜨자마자 가슴이 답답했고, 전화 받는 정도의 일상적인 업무조차 큰 스트레스가 되었다. 사람을 상대하는 것이 싫었고, 하루에도 몇 번씩 불안감이 밀려왔다.

이 시기에 나는 두 가지 선택을 고민하게 되었다. 첫 번째는 하던 사업을 정리하고 남은 돈으로 다른 사업이나 투자 같은 것을 시작하는 것이었고, 다른 하나는 이 위기를 극복하고 회사를 다시 정상화하는 것이었다. 첫 번째가 훨씬 쉬운 선택이었지만, 이때 처음으로 나는 진지하게 '포기하는 것'이 무엇을 의미하는지 깊이 생각해 보는 시간을 가졌다.

그것은 단순히 사업을 접는 게 아니라, 앞으로 내 삶에서 어떤 도전도 못 하게 될 것 같은 느낌이 들었다. 여기서 포기해 버리면 앞으로 어떤 어려움도 나 스스로 이겨낼 수 없는 사람이 될 것 같았다. 많은 고민 끝에 처음으로 내 인생에서 문제를 피하지 않고 직면해서 해결해야겠다는 결심을 했다.

막상 결심은 했지만, 무엇부터 해야 할지 앞이 막막했다. 그래서 우선 기존 유통 채널과 다른 온라인 시장에 관한 공부를 시작했다. 그동안 오프라인 위주의 사업만 운영했기 때문에 온라인 시장에 대한 이해가 부족했다. 그래서 끊임없이 강의를 찾아 듣고, 컨설팅을 받으며 배워나갔다. 처음 6개월은 어려움의 연속이었지만, 조금씩 길이 보이기 시작했고 결국 온라인 쇼핑몰의 일 매출이 안정적으로 오르면서 매출을 회복할 수 있었다.

이런 위기를 겪으면서 나는 사업을 운영할 때 배움이 곧 생존이라는 사실을 깨달았다. 그래서 더 늦기 전에 경영에 대해 전문적으로 공부를 더 하고 싶어 서울대 EMBA(Executive Master of Business Administration) 석사 과정에 들어가게 되었다. 사업을 훌륭하게 이어오고 있는 많은 원우와 교류하며 '지속적인 배움과 도전'의 중요성을 깨달았고, 이를 계속 이어 나가려면 배움과 도전을 습관으로 만들어야 한다는 결론에 도달했다. 그래서 나만의 '포기하지 않는 습관'을 만들기 위한 목표를 3가지 정했고, 이를 습관화하기 위해 3가지 방법으로 실천하고 있다.

1. **아침에 눈 뜨자마자 감사 기도를 하며 할 수 있다는 긍정적인 마음 유지하기** ⇨ 문제를 피하지 않고 직면하기
2. **이동 중에는 무조건 오디오 북을 들으며 낭비되는 시간을 줄이기** ⇨ 배움과 도전을 멈추지 않기
3. **일과 시작 전 하루 동안 해야 할 일의 순서를 정한 후 하나하나 지워 나가기** ⇨ 작은 성공을 쌓기

이런 습관을 매일 반복하면서 포기하지 않고, 앞으로 나가려는 태도를 생각하기 전에 몸이 먼저 반응하게 만들고 있다. 포기하지 않는 마음가짐을 갖는다는 뜻은 불편함을 마주하는 것이다. 그러므로 우리 몸은 이 불편함을 피해 편함을 추구하려 한다. 이는 단순히 마음먹음만으로 극복하기 힘들다. 하지만 포기하지 않는 나를 습관화해 놓는다면 좀 더 쉽게 극복할 수 있다. 이렇듯 습관은 내 삶의 변화를 만들어 낼 수 있는 기본적이면서도 가장 중요한 도구이다.

no.14

이단비

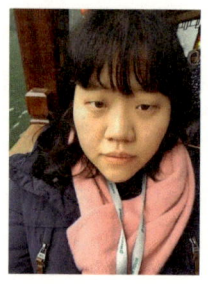

❏ 소개
1. 와우엔터테인먼트 대표
2. 꽃 여행사 대표, 와우 출판사 대표
3. 『내 로망 해외여행 셀프 가이드』 『아는만큼 재밌는 국내여행 가이드』 저자
4. 한국 연예인 봉사단 충청지부장
5. 풍경 있는 여행 국내여행 안내사
6. 극단 갯터 연출가
7. 전 모두투어 네트워크 전문 인솔자
8. 전 참좋은 여행 유럽 전문 인솔자
9. 전 동아일보 중국의 창 "이단비와 함께 하는 중국 여행"
10. EBS 여행 전문 프로듀서
    오성민과 with 독한 PD with 가이드
    여행작가 이단비 중국 장가계 원정대
11. 동아일보 중국의 창 이단비와 함께 하는 중국여행

❏ 연락처
1. 네이버 검색: 이단비
2. 다 음 검색: 이단비

최고의 나를 만든 생활 습관

우리는 복잡한 세상 속에서 매일 수많은 선택을 하며 살아간다. 이 선택의 결과는 우리의 습관으로 이어지기도 한다.

결국 우리의 삶을 형성하게 되며 긍정적인 생활 습관과 생각은 우리의 미래를 결정짓기도 한다. 나의 습관은 긍정적인 생각과 삶의 에너지를 준다. 내 삶을 풍요롭게 만드는 추천하고 싶은 습관들을 소개한다.

☑ **1. 아침의 식습관**

아침에 일어나자마자 나는 물 한 잔을 마신다. 그리고 배즙과 당근을 갈아서 해독 주스로 마신다. 이 간단한 습관은 몸의 신진대사를 돕고 아침에 몸을 깨우는데 좋은 선택이다. 나의 몸에 좋은 수분과 영양을 보충해 주고 카페인 중독을 대신할 수 있는 좋은 습관이다.

☑ **2. 좋은 아침, 5분 스트레칭**

이어지는 습관은 아침에 간단한 스트레칭이다. 아침에 5분만 투자해도 몸은 더 가볍고 밝은 긍정 에너지를 만들 수 있다. 아침 5분 운동은 하루를 시작하는 좋은 습관으로 하루의 에너지를 충전하는 시간이다. 매일 아침 규칙적으로 시간을 정해 놓고 하는 것이 좋다. 몸도 반응한다.

☑ 3. 몸에 변화를 주는 식습관

식사의 변화도 중요하다. 당뇨와 고지혈, 빈혈 약을 먹는 나는 처음 400이 넘는 수치를 식습관의 변화로 인해 현재는 거의 정상 수치에 다다랐다. 당분이 가득한 가공식품, 조미료와 양념 소금을 줄이고 조금씩 자주 먹는 습관을 하면 당수치와 체지방 또한 줄어든다. 신체의 맑은 정신과 건강에 좋다.

☑ 4. 매일 가지면 좋은 습관

1) 공감하고 칭찬하는 말을 많이 해라.
2) 습관이 될 때까지 노력하고 훈련을 해야 한다.
3) 노력하고 변화됨을 살펴야 한다.
4) 사랑의 언어를 많이 사용해라.
5) 공감과 소통하는 법을 배워라.
6) 마음의 여유를 갖자.
7) 신선한 과일과 채소를 먹자.
8) 규칙적인 운동을 하자.
9) 스트레칭을 자주 하자.
9) 하루 한두 문장씩 기록하는 습관을 갖자.
10) 하루를 시작하기 전 에너지 충전을 하자.
11) 매일 일기를 쓰는 습관을 갖자.
12) 자신의 기분을 살핀다.
13) 매일 노력하라.

14) 하루 한 번은 책 한 문장씩 읽는 습관을 하자.

15) 작은 변화의 습관을 들이자.

☑ 5. 주말에 여유를 갖자.

1) 나를 돌아보는 명상의 시간을 갖자.

2) 여가를 즐기자.

3) 청소를 하자.

4) 가족들과 시간을 보내자.

5) 한 주간의 생활을 돌아보자.

6) 독서하는 습관을 갖자.

7) 행복한 생각을 하자.

8) 주간의 계획표를 만들자.

중요한 건 나 자신이다. 나 자신이 어떤 생각을 가지고 계획을 세워 실천에 옮기느냐다. 실천 왕이 되어야 내 삶을 바꿀 수 있다. 뭐든 한 번에 될 순 없지만, 차근차근 개선하면 나의 삶이 바뀔 수 있다. 한 번뿐인 인생 제대로 멋지게 살아가는 것은 내 인생의 큰 행운이며 복이다.

나의 작은 변화는 내 인생을 바꿀 수 있는 중요한 포인트이다. 이렇게 바뀐 내 삶은 새로운 인생에 도전할 만한 값어치가 있는 삶이 된다. 세상이 변하고 나날이 바뀌듯이 사람 또한 변할 수 있다. 우리의 인생은 매일 하는 습관에서 성공 여부가 달렸다. 그러므로 뭐든 어디서든 최선을 다하면 좋은 결과를 만들 수 있을 것이다.

오늘도 나 자신을 응원한다. 화이팅!

no.15

강화자

❏ **소개**
1. 1인 기업가 공감 톡 브랜딩 대표
2. 최고의 강사
3. 꿈짱 코치 4050 직장인
4. 책을 만나서 꽃 핀 내 인생 (전자책)
5. 공저 "내 삶을 바꾼 책" "내 삶의 감사일기"
    "내 삶을 바꾼 질문" 베스트셀러 작가
6. 유튜브 채널 운영 : 북소리꿈쌤

❏ **연락처**
1. 네이버 검색: 강화자 저자
2. 블로그 검색: https://blog.naver.com/kffh336

나의 작은 성공 루틴들!

아침에 눈을 뜨는 순간, 습관처럼 마음속으로 '감사합니다' 라고 외친다. 잠자리에서 일어날 때 몸을 이완시키는 기지개로 온몸을 스트레칭하고 천천히 침대에서 일어난 후 이부자리를 정리한다. 화장실에 들어가서 미온수 물로 가글과 양치질을 깨끗하게 한 뒤 차가운 물로 얼굴을 씻는다. 세면대에 있는 거울을 보고 활짝 웃는 미소로 하루를 시작한다.

매일 나에게 아침 긍정적인 확언을 한다.

"나는 할 수 있다, 좋은 하루가 될 거야"

"나는 충분히 잘하고 있어".

"오늘 눈을 뜰 수 있음에 감사해".

50대 이후 직장 생활을 할 때 갱년기로 몸이 이유 없이 많이 아팠다. 작년부터 어깨 통증으로 밤에 쉽게 잠들지 못해서 정형외과에서 검사를 진행했다. 오십견, 관절 강직, 유착성 관절낭염, 어깨 통증 등으로 물리치료와 주사 치료를 받았다. 어깨 운동을 많이 했지만, 통증은 쉽게 사라지지 않았다.

몸의 균형을 유지하기 위해 할 수 있는 바른 자세를 유지한다. 불안이나 스트레스가 느껴질 때 유튜브에 있는 행복 명상(성은쌤의 소행성) 20분 듣고 마음 챙김과 감정 기복을 관리한다. 걷기 운동 및 파워 댄스, 찬양 연습, 기도, 말씀 읽기 등 나의 작은 성공 루틴을 실천 중이다. 집안일 할 때도 틈틈이 책을 본다. 거실에서 책을 읽고, 안방으로 들어갈 때도 내 손에 책 한 권을 들고 움직인다. 나의 유일한 친구는 말없이 내 옆을 지키고 있는 책이라고 생각한다. 진정한 힘은 내 안에 있다. 그 가능성을 믿고 걸어간다.

나에게 가능성만이 존재한다.

"두려워하지 말라 내가 너와 함께함이니라 놀라지 말라 나는 네 하나님이 됨이니라 내가 너를 굳세게 하리라 참으로 너를 도와주리라 참으로 나의 의로운 오른손으로 너를 붙들리라" (이사야 41장 10절)

나는 이 말씀을 붙잡고 기도하면서 전진할 것이다. 기도 시간에 습관적으로 머릿속에 떠오르는 생각은 우리 가족들의 건강, 안전, 직장, 배우자다. 요즘은 병원에 누워 있는 우리 오빠를 많이 생각한다. 작년 여름에 자전거를 타고 집에 오는 길에 자전거와 함께 논바닥으로 넘어져서 목뼈 3, 4번을 다쳤다. 온몸이 마비 상태로 병원에 있는 우리 오빠를 생각하면 나도 모르게 눈에서 눈물이 난다. 오빠의 오른손으로 스스로 숟가락을 집고 식사를 할 수 있다면 얼마나 좋을까?. 걸어서 일상 생활할 수 있기를 간절히 기도한다.

그리고 올해 88세인 친정엄마의 건강에 대해 기도한다. 행복과 성공은 온전히 나의 선택이다. 힘들었던 순간을 버티다 보면 더 나은 날이 올 것이라고 믿는다. 모든 것은 지나간다. 나는 내 삶의 주인공이다. 조금 더 용기를 내어 도전한다. 결국에 좋은 일이 나에게 일어날 것이다. 하루를 긍정적인 마음으로 시작한다. 내가 지금처럼 책 한 꼭지, 한 꼭지가 작은 성공이라고 생각한다면 언젠가 그 결실에 열매가 열린다. 작은 성취에도 나 자신을 칭찬한다. 지금까지 열심히 노력한 것은 내 마음만이 알고 있다. 책을 읽다가 꼭 나에게 필요한 위인들의 동기부여 명언을 발견했다.

"시작이 반이다." - 아리스토텔레스 -
"1%의 가능성만 있어도 도전하는 것이 나의 길이다". - 나폴레옹 -
"성공은 99%의 노력과 1%의 영감으로 이루어진다." - 에디슨 -
"꿈을 향해 나아가라. 별을 행해 손을 뻗어라." - 도 왈도 에메슨 -
"포기하지 않는 한, 실패는 없다." - 윈스턴 처칠 -
"나는 내가 아는 것이 아무것도 없다는 것을 안다." - 소크라테스 -
"지혜는 경험에서 나온다" - 아인슈타인 -

내 인생은 내가 만드는 책 읽기와 글쓰기이다. 모든 성공과 가능성도 내 안에 있는 결과이다. 성공하는 사람들의 공통점, 그것은 그들이 꿈을 실현하기 이전부터 이미 머릿속에 성공한 자신의 모습을 그리고 상상하면서 살았다는 것을 알았다. 나도 끝까지 노력한다면 내 인생이 내가 생각하고, 원하는 목표를 이룰 것이다.

오늘도 나에게 기적 같은 하루를 선물한다.

no.16

조대수

□ 소개

1. 백년멘토 교육컨텐츠 대표
2. "대수굿TV" 제일 쉬운 법인영업, 세일즈 심리학 유튜버
3. 화신사이버대학 특임교수(상담심리)
4. 금융사, 관공서, 기업, 대학교 등 3,000회이상 소통, 유머강의
5. 전자책, 종이책 포함 10권 이상 출판
6. 밴드 "조대수의 공감, 소통 멘탈케어" 5천 명 이상
7. 블로그: https://blog.naver.com/dsds703

□ 연락처

1. 네이버 검색: 조대수(010-5232-7849)
2. 유튜브 검색: "대수굿TV" 금융, 세일즈 유튜버

고민만 하다 늙을래?
일단 해!

생각이 많으면 아무것도 할 수 없다. 무조건 시작이 답이다
세상에는 두 가지 결정 방식이 있다.
첫 번째는 사업이나 투자처럼 신중한 결정이다.
두 번째는 개인의 성장처럼 시작하고 보완해 나가는 선택이다.

사업은 한 번의 실패가 큰 손실로 이어질 수 있다. 그래서 신중해야 하지만 개인의 도전과 공부는 다르다. 생각만 하다가 시간이 흐르면, 아무것도 하지 못한 채 후회만 남는다. 나의 발전에 좋다는 생각이 들면, 나는 일단 시작하는 습관이 있다.

강사로서 첫 도전 ⇨ 경험이 곧 점점 큰 자신감이 되다
10년 전 나는 보험업계에서 20년 경험을 바탕으로 강연을 시작했다. 처음엔 *'내가 정말 좋은 강사가 될 수 있을까?'* 라는 고민이 많았다. 수많은 강사가 이미 활동하고 있었고, 나보다 더 말 잘하는 사람이 많을 것 같았다. 하지만 망설이면 두려움만 쌓여 결국, 포기하게 된다. 완벽한 강사가 되는 방법을 찾기보다, 일단 여기저기에 나를 알리고, 부딪혀 보고 깨지는 것이 답이었다.

처음에는 긴장도 했고, 실수도 있었지만, 점점 내 이야기에 귀 기울이는 사람들을 보며 확신이 생겼다. 강의를 거듭할수록 청중의 반응을 보며 더 나은 방향으로 발전할 수 있었다. 완벽한 준비보다 실전 경험이 더 큰 자신감을 준다는 것을 알게 되었다.

작가로서의 도전 ⇨ **생각만 하면 평생 못 쓴다**

책을 쓰고 싶다는 마음은 오래전부터 있었다. 하지만 '*어떤 내용을 써야 할까?*', '*내가 잘 쓸 수 있을까?*'를 고민만 하며 몇 년을 보냈다. 그러다 문득 깨달았다. 책을 쓰고 싶다면, 완벽한 기획을 구상할 것이 아니라 메모장에 그냥 한 줄이라도 써 보자. 그때부터 하루 한 문장이라도 쓰기 시작했다. 처음에는 정리가 안 된 글들이었지만, 점점 하나의 흐름이 만들어졌다. 그리고 어느 순간, 내 경험과 생각이 하나의 이야기로 엮이기 시작했다.

최근 집필하고 실천하고 있는 어른들을 위한 동화책도 마찬가지다. 경쟁이 치열한 학교와 직장 내 갈등과 인간관계를 다룬 이야기를 쓰려했지만, 처음부터 완벽한 스토리를 만들어낼 수는 없었다. 그래서 일단 가벼운 『꼬끼오 로얄배틀』부터 쓰기 시작했다.

생각만 했다면 지금도 책은 한 줄도 쓰이지 못했을 것이다. 그러나 일단 시작하니 점점 더 좋은 아이디어가 떠오르고, 이야기가 구체화 되어 종이책, 전자책, 그림책, 동화책 등을 낼 수 있었다.

[대수굿TV] 유튜버 도전 ⇨ 장비보다 중요한 것은 실행력

나는 유튜브 채널을 운영하는 것도 고민이 많았다.

'좋은 장비가 필요하지 않을까?', '퀄리티가 낮으면 사람들이 욕하지 않을까?' 같은 생각이 발목을 잡았다.

그런데 유튜브를 잘하는 사람들을 보니, 모두 처음에는 서툴렀다. 고가의 카메라가 없어도, 화려한 편집 기술이 없어도, 중요한 것은 콘텐츠 자체의 힘이었다. 스마트폰과 삼발이 하나로 1분짜리 짧은 촬영을 일단 시작했다. 처음엔 어색하고 부족했지만, 영상이 하나둘 쌓이면서 점점 나아지는 게 느껴졌다. 영상을 찍으면서 어떤 내용이 사람들에게 더 도움이 되는지도 알게 되었다.

만약 '준비가 덜 됐다'는 이유로 시작하지 않았다면, 여전히 유튜브를 고민만 하고 있었을 것이다. 하지만 무조건 시작한 덕분에 더 많은 사람에게 나를 알리고, 내 경험을 공유하여 내 지식을 나눌 수 있는 든든한 [대수굿TV] **채널**이 생겼다.

요즘 나는 일기 쓰듯 블로그를 쓰고 있다. 연말에는 모아서 책을 낼 계획이다. 한 줄이 한 문장이 되고, 그것이 모여 책이 되어 [대수굿샘] 이라는 브랜드가 만들어질 것이다. **'생각 말고 실천!'** 이것이 성공과 행복을 만들어 주는 좋은 습관이다. 하다가 아니다 싶으면 그만하면 된다. 결국, 그중 하나둘 성과가 나오며 자존감 넘치는 내 삶이 된다. 시작 안 하면 아무것도 안 바뀐다.

no.17

김순란

❏ 소개
1. 구미호헌총신 학장
2. 축복장로교회 담임목사
3. 사)대구성시화운동본부 부본부장
4. 사)비라카미선교회 이사
5. CBS 대구방송국 운영이사
6. 철학 박사
7. 호: 소향

❏ 연락처
1. 네이버 검색: 김순란목사
2. 유튜브 검색: 구미호헌총신

최고의 나를 만든 습관, 새벽 운동!

'전국 100대 명산 완등', '100일 만 보 걷기', '100일 계단 오르기' 내가 최근 5년간 해 온 새벽 운동이다. 5년 전부터 새벽 운동을 본격적으로 하기 시작했고 거의 매일매일 하고 있다. 덕분에 새로운 인생의 기쁨을 맛보고 있다.

"새벽 운동은 날마다 새롭고 소중한 나를 발견하고 즐겁게 하는 일이다."

갱년기로 인해 무척 힘들었던 내 인생을 바꾸고 지금의 건강한 나로 다시 태어나게 해 준 말이다. 나는 내 인생에 최대 고비라고 할 정도로 힘든 갱년기를 만났다. 그간 수많은 어려움을 극복했는데 이 갱년기는 또 달랐다. 갱년기가 시작되면서 온몸에 뼈마디마다 안 아픈 곳이 없었고 평소 건강하던 내가 1년에 병원을 몇 번씩 입원해야 할 정도로 몸은 힘들었다.

몸이 힘드니 의욕도 떨어지고, 할 일을 제대로 할 수가 없었다. 여기저기 수소문해서 이 병원, 저 병원 좋다는 치료를 받았다. 그렇지만 치료할 때뿐이었고 몸은 여전히 힘들었다.

어느 날 지인이 전국 '**100대 명산에 도전**'한다는 이야기를 들었다. '*바로 이거다.*' 듣는 순간 도전해야겠다는 생각이 들었다. 그래서 선택한 새벽 운동은 어쩌면 나에게 마지막 큰 희망이었다.

마침, 코로나 시국이라 그간 바쁘던 일상에 시간적 여유가 있었고, 전국의 명산을 경험하고 체력을 쌓을 수 있어서 일석이조라는 생각이 들었다.

이런 단순한 생각으로 시작한 전국 명산 정복의 길은 쉽지 않았다. 처음 도전한 명산은 구미 금오산이었다. 몸이 천근만근, 얼마나 힘들게 한 걸음씩 발을 옮겼는지 정상까지 까마득하게 느껴지는 시간이었다. 금오산에서 내려오면서 앞으로 어떻게 다른 명산을 정복해야 하나 걱정이 되었지만 나는 잘하고 싶었다. 그렇게 꿈만 같았던 명산을, 마음을 비우고 하나씩 정복하면서 자신감이 생겼고, 한라산, 지리산, 설악산 등 10개월 만에 결국 전국 100대 명산을 완등하는 감격스러운 순간을 맞았다.

다음 도전한 새벽 운동은 '**100일간 계단 오르기**'였다.

100대 명산을 정복했지만, 계단 오르기는 또 다른 운동이었다. 매일 100일간 꾸준히 1시간씩 계단을 올랐다. 바쁜 일정 중 매일 1시간의 새벽 운동은 쉬운 일이 아니었다. 컨디션이 안 좋은 날도 있었고, 먼 지방 일정으로 밤늦게 돌아오는 일도 있었지만, 한 번 약속한 것은 어떻게 해서든 지킨다는 신념이 있었기에 하루도 빠짐없이 해 내었다.

등산과 또 다른 매력이 있었다. 한 발짝씩 계단을 오르면서 내딛고 올라가는 성취감을 맛보았다. 내 인생에 많은 계단과 같은 역경을 이겨내고 여기까지 올라왔음에 감사하고 앞으로도 차근차근 오를 것에 감사하는 시간이었다.

그리고 도전한 새벽 운동은 '**100일간 만 보 평지 걷기**' 운동이었다. 평지 걷기 운동은 그간의 운동에 비해서 강도는 덜 힘든 것 같지만 만 보를 매일 걷는 것 또한 쉽지는 않았다.

그간 새벽 운동을 통해 새벽을 깨우면서 내가 얻은 것이 얼마나 많았는지 생각해 본다.

첫 번째는 생각의 전환이다. 내 속에 한계를 정하지 않으면 무한한 가능성으로 무엇이든지 할 수 있다는 것이다.

두 번째는 놀라운 체력과 마음의 회복이다. 그렇게 무거웠던 몸이 가벼워지고 예전보다 더 건강한 체력의 회복을 경험했다. 체력의 회복과 동시에 마음마저 회복되면서 나는 점점 더 많은 도전과 비전을 꿈꾸게 되었다.

세 번째는 하루를 계획하고 큰 그림을 그릴 수 있다. 신선한 자연과 함께 나를 새롭게 만나고 하루를 시작하고 계획하며 큰 그림을 그릴 수 있게 된다.

네 번째는 새벽 운동을 전파하는 변화다. 내가 해 보고 좋은 변화를 맛보니 주변에 지인들에게 권하게 되었다. 때로는 그들과 동행하면서 고민을 들어 주고, 깊은 속마음까지 나누며 격려와 지지해 줄 수 있는 계기가 되었다.

나는 이제 꾸준히 새벽을 깨우며 운동을 하고 있다. 몸과 마음이 힘들었기에 새벽 운동을 시작했고, 그로 인해 내 삶이 더욱 풍요롭고 즐겁게 바뀌었다. 몸과 마음이 지쳐 있다면 지금 바로 주저하지 말고, 운동화를 신고 밖으로 나가자. 놀라운 새로운 인생이 시작될 것이다.

no.18

정소영

❏ 소개
1. Top 인재개발원 대표
2. 한국과학창의재단 진로컨설턴트
3. 교육청 부모교육연수강사
4. 통일부 국립통일교육원 교육위원
5. 김천소년교도소 취업교정위원
6. 前)김천대학교 겸임교수
7. 前)국민연금공단 노후준비민간강사

❏ 연락처
1. 구글 검색: 탑인재 정소영
2. 네이버 검색: 탑인재 정소영

최고의 나를 만든
'긍정 마인드'

'위기가 곧 기회다.' 내가 늘 모토로 삼고 있는 긍정의 말이다. 그간 삶 속에 수많은 위기가 있었고 그때마다 이 말은 나를 다시 일으켜주는 힘이 되어 주었다.

"긍정의 생각으로 관점을 바꾸면 긍정적인 힘이 생긴다."

내 인생을 바꾸고 지금의 나를 만들어준 말이다. 어릴 때부터 나는 몸이 약하다는 소리를 듣고 비실비실했다. 고등학교 1학년에 입학한 지 한 달 만에 계속 열이 나고 몸이 힘들어져 결국 휴학을 해야 하는 상황까지 왔다.

그때부터 나에겐 움직이지 않는 정지된 삶이 시작되는 듯했다. 한창 꿈 많아야 할 사춘기 소녀였다가 하루아침에 모든 것이 허무하게 느껴졌다. 간절한 일도 없었고, 그저 별 하는 일 없이 하루하루를 보냈.

'나는 왜 이렇게 남과 다른 삶이 되었지?' '나는 이제 무엇을 할 수 있을까? 나는 앞으로 어떻게 살아가야 할까?' 등의 의욕 없는 절망적인 생각뿐이었다. 복학한 후 한 살 어린 동생들과 학교생활을 하는 것도 자존심이 상했고, 1년 쉬었기에 학업을 따라가는 것도 힘들었던 암울했던 학창 생활이었다.

그 후 그저 남들처럼 대학을 졸업하고 평범하게 직장 생활을 했다. 사랑하는 사람을 만나 결혼을 한 후 복덩이 삼 형제를 낳아 애정으로 키우는 주부로서의 일에 전념하게 되었다.

어느 순간 문득 내 삶을 잠시 돌아보게 되었다. '*지금은 아이들이 어리지만, 이 아이들이 다 크고 나면 그때 과연 내가 할 수 있는 일이 있을까?*'라는 생각이 들었다. 비록 지금은 아이들과 온 가족이 좀 힘들더라도 미래를 위해 그간 장롱 속에 꼭꼭 숨겨져 있던 하고 싶은 꿈을 끄집어내야 했다. 꿈을 향한 행복도 잠시, 그때부터 나에겐 수많은 일과의 전쟁이 시작되었다.

다시 대학을 편입해서 아들 같은 동기들과 아침부터 저녁까지 하루 종일 머리를 맞대고 공부하고, 집에 오면 가정주부로서 해야 할 쌓인 일과 자녀들을 돌보며 어떻게 시간이 가는 줄도 모르게 숨 가쁘게 살았었다.

모든 상황이 힘들었고, 몸은 지쳤고, 뭐 하나 제대로 하는 게 없었다. 누가 등 떠밀며 시킨 것도 아니었기에 어디 가서 하소연할 수도 없었다. 이제 내가 살기 위해 생각을 바꿔야 했다. 부정적인 생각을 긍정의 생각으로 바꾸지 않으면 살 수가 없었다. '*이 모든 일은 나를 위해 존재하는 일이야.*', '*지금이 힘듦은 앞으로 10년 후 나를 웃게 할 거야*', '*이왕 시작한 기 즐겁게 잘해 보자*' 문득 힘든 생각이 올라오고 부정적인 생각이 떠오를 때마다 바로 즉시 마음을 가다듬고 긍정의 생각으로 바꾸는 작업을 하고 있다.

그렇게 힘들 때마다 긍정의 생각과 긍정의 힘으로 열심히 달려온 결과 남들이 보기에는 늦은 나이에 대학교수로서 강단에 설 수 있었고, 부모 교육 전문가로서 자녀 교육을 강의하며 교도소부터 고위 공무원 연수 교육까지 넘나들며 다양한 강의를 할 수 있는 전문 역량을 가지게 되었다.

코로나의 위기가 닥쳤을 때도 주저앉아 있지 않고 누군가는 이 위기를 오히려 기회로 만든다는 생각에 비대면 강의를 준비했고, 체력 단련을 통해 몸과 마음을 새롭게 했다. 그전에는 무조건 현장까지 가야 했던 강의가 코로나의 위기로 인해 오히려 집에서도 편하게 강의할 수 있는 비대면 강의를 할 수 있었고, 대면과 비대면의 양쪽 강의를 통해 더욱 풍성한 강의를 할 수 있게 되었다.

❋ 긍정의 힘은 위기 속에 더 큰 힘을 발휘한다.
1. 긍정의 힘으로 감사하는 삶이 된다.
2. 어떤 일도 할 수 있다는 자신감이 생긴다.
3. 긍정의 힘은 주변에도 선한 영향력을 끼친다.
4. 긍정의 힘으로 웃으면서 삶을 헤쳐 나가게 된다.
5. 긍정적인 삶의 변화가 끊임없이 일어난다.

나는 그동안 긍정의 힘으로 위기 속에 뜻밖의 좋은 기회를 만났고, 앞으로도 그럴 것이라 확신한다. 지금도 우리 삶 속에는 예기치 못한 어려움이 닥치게 된다.

이것을 위기로만 볼 것인가? 위기 속에 기회'로 볼 것인가? 분명히 긍정의 생각과 힘이 있다면 그 위기 속에 흑진주 같은 기회를 찾을 것이다.

no.19

장선희

❏ 소개

1. 책읽기와 글쓰기를 좋아하여 전공이 되었습니다.
2. 학교에서 40년 가깝게 근무하고 은퇴하였습니다.
3. 저만의 시간으로 책읽기와 글쓰기에 전념하고 있습니다.
4. 글을 통하여 SNS 매체로 소통하고 있습니다.

❏ 연락처

1. 네이버 블로그: https://blog.naver.com/shchang7584
2. 브런치: https://brunch.co.kr/@sunnychang

기억은
기록을 이기지 못한다

　은퇴하기 전까지 학교에서 학생들을 가르쳤다. 중·고등학교의 공부에 진저리를 치고 들어온 대학의 교양 수업은 시시했고 시큰둥했다. 입시 때문에 억눌렸던 젊음은 터질 듯이 차올랐고 머리보다 몸을 움직이는 것들로 그동안의 시간을 보상받고 싶어 했다. 부모님들이나 선생님들도 언제든 튀어 나가려는 학생들을 붙잡기 위해 대학에 들어가면 마음대로 하라고 회유했기 때문에, 대학에 입학한 신입생들은 고삐 풀린 망아지들처럼 자유와 놀이를 찾아서 몰려다녔다.
　피 끓는 학생들을 어두운 강의실에 붙잡아 놓는 것은 어려운 일이었다. 교양으로 글쓰기 과목을 담당하고 있던 나는 수업에 들어오는 것조차 지겨워하는 학생들에게 무엇을 어떻게 가르칠지 늘 고민했다. 사회 진출을 위한 마지막 준비 단계에 있는 학생들에게 가장 요긴하게 쓰일 것들을 가르쳐서 내보내고 싶었다. 글쓰기의 여러 분야 중에서 사회생활과 개인 생활에 활용할 수 있는 실용 글쓰기를 주제로 단원을 구성하고 교재를 준비했다.
　글쓰기 강의에 메모하기를 한 단원으로 추가했다. 학생 중에는 메모나 다이어리를 쓰는 학생들도 있지만 대부분의 학생은 필기하는 것을 보지 못했기 때문이었다. 강의와 교재를 계획하면 반드시 강의자가 먼저 강의의 내용을 실천해 보고 과제도 실제로 수행해 보는 것을 원칙으로 했다. 내가 경험하지 못한 것을 학생들에게 강의할 수 없다는 생각 때문이었다. 또 메모의 필요성을 나 자신도 느끼고 있었기 때문이었다.

한 학기 전부터 메모하기를 자가 실습했다. 교재를 준비하기 위해서 수많은 자료와 문헌들을 섭렵하여 어떤 메모가 가장 효과적일까를 생각한 이후였다. 한 주일을 시작하는 일요일 저녁이 되면 일주일 다이어리를 미리 작성했다.

한 주 동안 예정된 일, 약속, 해야 할 일들을 중심으로 작성했다. 일과를 기상에서부터 취침까지 한 시간 단위로 작성했다. 갑작스러운 약속이나 예기치 않은 일들은 그때그때 끼워 넣었다. 하루의 수입과 지출도 다이어리 아래쪽에 적어 넣었다.

그렇게 하기를 한 주, 두 주, 한 달 정도가 지나자 효과가 나타나기 시작했다. 다이어리를 쓰기 전에는 항상 불안하고 뭔가를 잊어버릴까 봐 노심초사했는데, 다이어리를 쓰기 시작하면서 그런 불안감이 사라졌다. 머리는 잊어버리는 게 여전하지만, 기억을 대신하는 보조 장치인 '메모'를 해두었다는 안도감이 있기 때문이었다. 실제로 약속을 잊어버리거나 해야 할 일을 빠뜨리는 경우가 현저하게 줄어들었다.

또, 메모하면 반드시 해야 한다는 의욕이 생겼다. 머리로 계획하고 그것을 글로 시각화시키면 내 몸은 쓴 대로 하려고 한다는 것을 느꼈다. 실제로 다이어리를 작성하지 않고 보내는 날도 있었다. 다이어리가 하얀 공백으로 남아 있으면 머리도 하얗게 비어 있는 것 같고, 그날은 아무것도 하지 않고 지나버리는 것을 보았다. 다이어리의 작성, 즉 메모하기는 행동하게 하는 동기를 유발하였다.

그리고, 메모를 하면 기록으로 남는 것을 확인했다. 일주일 전 일도 잘 기억나지 않지만, 메모를 해 두면 기록으로 남아 그때의 상황과 일들을 다시 생각해 낼 수 있었다. 매일의 메모는 기록이 되고 역사가 된다.

이런 자가 실습을 거쳐 다음 학기부터 수업에 들어갔다. 학생들은 초등학교 이후 다이어리 쓰기는 처음이라고 투덜거리기도 했고, 오랜만이라고 반가워하기도 했다. 효과를 보기 위해서 한 학기 내내 한 달 단위로 점검하기도 했고 가장 많은 평가 점수를 주기도 했다.

가끔 학생들을 만나면 그때 쓰기 시작한 다이어리를 지금도 쓰고 있다고 말하는 경우가 있다. 학생들에게 인생을 살아갈 큰 선물을 준 것 같아 기쁘고 뿌듯하다.

나 역시 지금도 다이어리를 쓰고 있다. 이제는 다이어리를 쓰지 않으면 행동하지 못하게 되어버렸다. 적자생존. 적는 자만이 살아남는다는 말처럼 내 인생의 습관이 되어버린 메모하기, 다이어리 쓰기는 언제까지나 계속될 것이다.

no.20

유병권

❏ **소개**

1. 제25회 서울 독립 영화제 우수작품상
   제목 : 시나리오
   감독 : 유병권
2. 전자책 출간 유페이퍼 등
   제목 : 살려 주세요
   저자 : 유병권

❏ **연락처**

1. 네이버 블로그 : 유병권의 꿈에 공장
2. 메일 : mental0820@naver.com

죽음을 두렵지 않게 하는 생각 기르는 습관들

난 10대 때 모든 것을 경험했다. 남자로 육체적인 만족도 크게 느껴봤다. 건강했었고 혈기 왕성한 나이었기에 몸과 본능에 충실했다.

얼굴도 많이 잘생겨 봤다. 여자들에게 인기도 많이 있어 봤다. 몸도 근육이 많아서 좋은 몸을 가진 적도 있다. 눈도 잘 보이고 치아도 튼튼하고 두 다리도 튼튼해 봤다.

어렸을 때는 많은 쾌락과 밝은 마음을 많이 가져봤다. 나이가 40 중반이 되니 10대 때의 감정과 쾌락은 느낄 수가 없었다.

젊은 육체로서의 득이 존재했고 늙은 육체는 실이 있다는 것이 몸으로 느껴졌다. 어렸을 때 나도 언젠가는 죽는다는 걸 알았다. 참 불편한 노릇이다. 어렸을 때는 내가 말기 암 환자라고 생각하며 살았다. 이 질문이 그땐 힘들었지만, 지금에 와서 생각해 보면 이런 내 정신을 더 강하게 만든다는 걸 알았다. 16세부터 나는 말기 암에 걸려서 내일 죽을 몸이니깐 오늘을 소중하게 살아야겠다는 생각이 지배적이었다.

생각 습관들: '난 내일 말기 암으로 죽는구나!'

잘 때도 난 '내일 온몸이 암으로 퍼져 죽어 가겠지?'라고 생각하며 잠자리에 들었다. 아침에 눈 뜨고 일어날 때는 '내가 죽어서 다른 세상에 와 있나?'라는 생각이 뜨문뜨문 들었다.

중학교 2학년 16살 때부터 지금의 45세 때까지 난 내일 암으로 죽는다는 걸 머리에 각인시키고 살고 있고 지금도 그렇게 살고 있다. 이렇게 살다 보니 세상을 바라보는 시각이 달라졌다.

아침에 눈을 뜨면 '난 이제 어떻게 값지게 살아야지? 아니면 나는 이제부터 어떻게 뜻깊게 지내야지? 어떻게 해야 의미 있게 지내는 거지?'라는 생각으로 결론지어 왔다. 사람의 나이가 들어가면 생리적으로 몸의 느낌은 달라진다.

어렸을 땐 밥을 많이 먹어도 살이 안 쪘는데 45세가 되니 계란 프라이만 먹어도 살이 찌는 현상이 일어났다. 난 지금 나의 생체가 죽어간다는 걸 느낄 수가 있다. 그렇다고 죽음이 두렵진 않다. 왜냐하면 난 10대 때 할 건 다 해본 사람이기 때문이다.

뜨거운 사랑. 값진 우정. 처절한 배신. 인간의 더러운 욕심. 철학자 쇼펜하우어와 후기 인상파 화가 빈센트 반 고흐 인생을 알고 느꼈던 10대 시절에는 항상 죽음에 관심을, 나 자신에게 공감을 느껴지게 하려고 부단히 노력해 왔다.

　지금도 그다지 죽음이 두렵진 않다. 소위 말해 난 너무 오래 살고 있다. 너무 오래 말기 암을 투병 중이라고 생각한다. 지금은 언젠가 죽어야 할 마무리 단계인 대학교에 시신 기증과 사전 연명의료 의향서 둘 다 신청하고 작성해 놨다.
　난 나의 말기 암이 너무 오래간다는 걸 깨달았다. 죽지는 않았지만, 몸이 서서히 느려지고 불편해진다는 걸 느끼고 있다. 내 나이 2025년 현재 나이 45세 난 암 환자 치고는 오래 치료하고 있는 말기 암 환자라고 생각하며 살고 있다.

　지금은 모든 것을 다 내려놨다. 지금은 욕심을 내려놓는 중이다. 욕심만 내려놓으면 난 다 내려놓은 셈이다. 천국이 있고 지옥도 있고 환생도 있고 다 있다고 믿는다.

　결론은 내가 말기 암으로 오늘 죽는다는 생각을 습관처럼 길들이면 죽음이 두렵지 않게 된다. 나는 이 방법으로 살다 보니 방향성도 달라졌다. 삶에 기준, 난이도, 질적인 면에서도 어떤 것에 더 에너지를 써야 할지도 분명하게 구분이 가능하다는 것도 깨닫게 됐다.

내 삶을 바꾼 습관

3장

새벽 기상(미라클 모닝)

21. 김미옥	22. 최윤정
새벽 기상(미라클 모닝)	미라클 모닝

23. 최무빈	24. 박소영
아버지에게 배운 부지런함	인생을 바꾼 독서 습관의 힘

25. 신동복	26. 엄일현
감사와 행복을 안겨준 건강법과 15분 책 읽기 습관	성공적인 삶을 위한 새벽 기상

27. 강기쁨	28. 구연숙
내 삶의 주인공이 되는 연습	읽기와 쓰기로 인생 확장

29. 양수목	30. 김종호
내 삶을 바꾼 기적 같은 감사 습관	웰다잉 전문가의 습관 이야기

no.21

김미옥

❑ 소개
1. 사회복지법인 제주공생 희망나눔종합지원센터 센터장
2. 한국사회복공제회 대의원
3. 2022년 5월 31일 전안나작가와의 만남과
   '하루 한 권' 책 읽기 결단
4. 2022년 8월 10일 네이버 블로그개설(예비작가 Kim)
5. 2024년 11월 ~2025년 3월 옴니버스 인생 책쓰기
   내 삶을 바꾼 책, 내 인생의 산전수전, 내 삶의 귀인,
   내 삶의 감사일기, 내 삶을 바꾼 질문, 내 삶을 바꾼 습관 참여
6. 사회복지사 1급, 약물중독전문가 2급, 노인지도자자격
   가폭.성폭 전문가 등 다수의 자격 소지

❑ 연락처
   블로그: https://blog.naver.com/k960722-

새벽 기상(미라클 모닝)

부모로부터 받은 유산을 꼽으라면 두 가지를 말할 수 있다. 첫째는, 믿음이고 둘째는, 일찍 자고 일찍 일어나는 습관이다.

나는 아버지가 아침 일찍 기상해서 성경을 읽고 새벽 예배에 다녀온 후 일과를 시작하는 것을 유년 시절부터 보면서 성장했다. 그런 환경 속에서 자연스럽게 아침형 인간으로 삶의 패턴이 물들어졌다.

결혼 초 남편의 라이프 스타일은 나와 정반대였다. 늦게 자고 늦게 일어났다. 그로 인해 늘 마찰이 있었지만 존중하기로 생각하니 적어도 남편을 정죄하는 늪에서 해방되었다.

엄남미 작가의 『기적의 1초 습관』이라는 책이 요즘 조금 느슨해진 나를 재촉하는 마중물이 되어 주었다. 그는 습관 전문 라이프 코치이자 국내 1호 습관 변화 전문가로 한국형 미라클 모닝 열풍을 회오리바람처럼 일으켰고, 많은 사람에게 파고들어 시들어진 삶에 생기를 불러일으켰다.

매 순간이 기적이라고 말하는 저자는 여덟 가지 도구를 제시하면서 실천하는 사람들에게는 의식이 성장하고 부유함과 풍요로움이 저절로 찾아와 행복한 삶으로 변화될 것이라고 장담한다.

M. meditate(명상, 묵상, 기도하라)

I. lmagine(상상하라)

R. read(독서하라)

A. affirm(확언하라)

C. clean.(청소하라)

L. learn(배우라)

E. exercises(운동하라)

S. scrawl(써라)

이 여덟 가지 도구를 매일 아침 루틴대로 적용하면 기적이 일어난다. 나는 비교적 여덟 가지 도구를 대부분 잘 적용하고 있음에 감사한다. 보통 4시 30분~5시 사이에 기상하고, 침대 이부자리를 정리하면서 *"감사합니다"*를 외치며 하루를 시작한다. 이후 미지근한 물 한 잔을 마시고 새벽예배에 간다.

6시 30분경에 복귀해서 가족들 아침 과일 도시락을 챙기고 간단한 집안일을 한 후 출근 준비를 한다. 이러한 아침 시간을 공휴일도 상관없이 루틴대로 잘 활용하여 적어도 출근 전까지 4시간이라는 시간을 알뜰히 사용하고 있다. 자투리 시간도 허투루 사용하지 않기 위해 늘 메모하고 체크 점검하는 습관이 일상이 되었다. 2003년 입사해서 사용하고 있는 업무용 다이어리가 스무 권이 넘는다. 간혹 수첩을 펼쳐보면 그때 일들이 영사기 필름처럼 돌아가기도 한다.

아침 미라클 모닝은 나에게 많은 유익을 더해주고 있다. 무엇보다 일찍 일어나면 하루를 여유 있게 시작할 수 있다. 출근하기 전 4시간이라는 시간을 남보다 먼저 시작하므로 하루의 반나절을 더 살아가고 있다.

묵상과 기도로 하루를 시작하고 꿈과 비전을 가슴에 품고 확언하며 독서를 생활화한다. 삶의 현장 청소뿐만 아니라 인간관계의 주변 정리를 삶 속에서 실천한다. 도전 정신을 가지고 늘 배우기를 게을리하지 않고 건강을 위해 운동도 적절하게 유지한다. 이 모든 나의 일상을 글로 정리한다. 이러한 시간이 하루, 일주일, 한 달, 1년이 쌓이면 엄청난 시간이 되기 때문이다.

내가 바라는 것들은 그냥 주어지지 않기에 '스노우볼 효과'처럼 쌓이고 쌓이면 그 효과가 기하급수적으로 커질 것이다. 기적의 아침 미라클 모닝을 통해 내 삶이 더 윤택해지고 풍요로워지기를 기대해 본다.

'일찍 일어나는 새가 벌레를 잡는다'라는 속담에서 말하는 것은 부지런히 노력하는 사람이 그만큼 더 많은 기회와 이익을 얻을 수 있다는 뜻일 것이다. 모두가 잠든 새벽 해가 뜨기 시작하는 이른 시간에 잠에서 깬 새들은 기지개를 켜며 펄쩍 날아오르며 먹이 사냥을 한다. 나도 일찍 일어나는 새처럼 부지런히 하루를 시작하고 미라클 모닝으로 인생 후반전을 후회 없이 마무리하고 싶다.

나의 두 아들도 아침형 사람으로 성공한 인생을 살아가기를 소망하며 이런 좋은 습관을 유산으로 물려준 나의 부모님께 다시 한번 감사한 마음을 전한다.

no.22

최윤정

❏ 소개

1. 윤정교육연구소 소장
2. 공저 '내 삶을 바꾼 책' 베스트셀러 작가
3. 공저 '내 삶의 산전수전' 베스트셀러 작가
4. 공저 '내 삶을 바꾼 귀인' 베스트셀러 작가
5. 공저 '내 삶의 감사일기' 베스트셀러 작가

❏ 연락처

1. 블로그: https://blog.naver.com/fancyyj
2. 메일: fancyyj@hanmail.net

미라클 모닝

    5시 기상은 내 인생을 바꾼 가장 큰 습관이다. 하지만 처음부터 내 의지로 시작된 것은 아니었다. 남편이 장거리 출근을 하게 되면서 자연스럽게 이른 아침을 맞이하게 되었다.

    예전에도 여러 번 "미라클 모닝"에 관해 책에서 읽고 시도해 봤지만, 번번이 실패했다. 새벽 기상을 통해 조용한 나만의 시간을 갖고, 책을 읽고, 자격증 공부도 하고 싶었는데 얼마 되지 않아 포기하곤 했다. 하지만 2020년, 남편의 출근 시간에 맞춰 일어나게 되면서 내 아침은 완전히 달라졌다.

    남편은 매일 4시 30분에 일어나 4시 50분~5시쯤 집을 나섰다. 나는 그 시간에 여전히 침대에 누워 있었다. 출근하는 남편의 나지막한 목소리가 들렸다. *"다녀올게, 더 자."* 그리고 남편은 쓸쓸히 문을 열고 나갔다. 비가 오나 눈이 오나, 폭염이 덮치든 추위가 매섭든 변함없이 같은 시간이었다. 남편은 회사에 도착할 즈음 내게 전화했다. *"일어나, 출근해야지."*

    그러던 어느 무더운 여름날, 나는 남편이 씻는 동안 화장실에 가느라 깨어났다. 그날은 토요일이었다. 남편은 급히 얼음물을 챙겨 출근했고, 몇 시간 뒤 전화를 걸어왔다. *"운전할 수가 없어, 나 좀 데리러 와줘."* 놀란 마음에 정신없이 차를 몰고 남편이 있는 곳으로 향했다. 기억조차 희미한 그 길 끝에서, 차 안에 널브러져 있는 남편을 발견했다. 그는 더위를 먹어 기운이 없었다. 서둘러 집 근처 병원으로 데려갔다.

그날 이후 많은 생각이 스쳤다. 늘 조용히 출근하던 남편, 힘들었을 텐데 단 한 번도 불평하지 않았던 그의 뒷모습이 떠올랐다. 그날 이후, 나는 새벽에 나가는 남편을 위해 작은 준비를 하기 시작했다. 밥을 차려주지는 못하지만, 커피와 얼음물을 챙겼다. 처음엔 과일도 함께 넣어줬지만, 장시간 운전하는 남편이 소화가 안 된다고 해서 빼기로 했다.

새벽 4시 30분, 남편이 일어나면 나도 함께 깨어난다. 클래식 라디오를 틀고, 얼음을 꺼내 커다란 텀블러에 물을 채운다. 커피콩을 갈아 정성스럽게 드립 커피를 내리고, 각종 영양제를 식탁에 올려둔다. 배웅 전, 남편과 가볍게 인사를 나눈다. 그리고 나도 나를 위한 영양제를 챙겨 먹는다. 유산균, 비타민, 홍삼…. 40대 이후 건강을 위한 작은 습관이 시작되었다. 그 후로 내 아침은 완전히 달라졌다. 식탁을 정리하고, 요가 매트를 가져와 간단한 10분 스트레칭을 한다. 이후, 남편을 위해 내린 커피 향을 음미하며 나만의 커피를 드립 한다. 뜨거운 커피가 천천히 내려지는 동안 멍하니 앉아 있는 시간도 갖는다. 따뜻한 커피를 한 모금 마시고 소파에 앉아 책을 펼친다. 세상은 아직 조용하고, 오롯이 나만의 시간이다. 아무도 방해하지 않는 이 순간, 나는 책을 읽는다. 에세이, 자기 계발서, 부동산, 경제, 자녀 교육 등 관심 있는 분야의 책을 천천히 넘긴다. 그렇게 1시간 정도의 독서를 마친 후, 아이들의 아침을 준비한다.

두 아들의 텀블러에 물을 채우고, 영양제를 챙긴다. 아침

메뉴는 따뜻한 국과 밥, 간단한 반찬들. 7시에 아이들을 깨워 식사를 챙겨주고, 등교를 돕는다. 8시 10분, 아이들이 학교에 가면 설거지를 하고, 세탁기를 돌리고, 바쁜 하루가 시작된다.

이 습관이 자리 잡기 전, 내 아침은 전쟁터였다. 7시 30분에 일어나 허둥지둥 아이들에게 빵과 우유, 시리얼을 내주고, 출근 준비에 정신이 없었다. 때로는 8시에 깨어 부랴부랴 아이들을 깨우고, 아침도 못 먹인 채 학교로 보낸 날도 있었다. 출근 후, 집을 엉망으로 놔두고 나온 것이 마음에 걸렸고, 퇴근 후 쌓여 있는 설거지와 어질러진 집을 보며 화가 치밀었다. 하지만 이른 아침 기상이 나를 변화시켰다. 안정된 상태에서 하루를 시작한다. 남편을 차분하게 배웅하고, 조용한 독서 시간 속에서 삶을 돌아보며 가족과 인생에 대해 생각한다. 또 아이들에게 편안하고 따뜻한 아침을 선물할 수 있다. 결과적으로 우리 가정은 더욱 안정되고, 따뜻한 공간이 되었다.

좋은 습관은 삶을 변화시킨다. 남편의 장거리 출근을 배웅하지 않았다면, 이른 기상은 나의 삶에 자리 잡지 못했을 것이다. 하지만 지금은 이 습관 덕분에 더욱 많은 시간을 갖고, 나를 위한 조용한 순간도 누릴 수 있게 되었다.

최근에는 저녁 10시 취침을 실천하려 노력 중이다. 일찍 자야 피로가 덜하다는 평범한 사실을 실천하며 깨달았다. 덕분에 늦은 밤 휴대폰을 들여다보는 시간도 자연스럽게 줄어들었다. 결국, 좋은 습관은 나를 더 나은 방향으로 이끌어 주었다. 그리고 앞으로도, 나는 이 변화를 계속 이어갈 것이다.

no.23

최무빈

❏ 소개

1. 충남 서산출생
2. 카페 온다 대표
3. 전자책 출간

❏ 연락처

전화: 010-2587-9445

아버지에게 배운 부지런함

아침 해가 뜨기 전에 아버지는 음악 소리 볼륨을 최대한 켜시고 벌써 마당을 쓸기 시작하셨다. 눈으로 보지 않아도 아버지의 아침은 누구보다도 빠르고 부지런하다. 방학이 되어도 아버지의 음악 소리는 쉬는 날이 없으니, 늦잠은 꿈도 꾸어보지 못할 일이었다.

나는 늘 생각했다.
'아버지는 왜 매일 음악을 켜고 단잠을 깨우는 것일까!' 정말 조용한 아침을 맞이하고 싶었다. 그때는 아버지의 카세트테이프가 정말 지겹도록 시끄러웠다. 하지만 그런 음악을 듣는 것도 내 나이 열여덟 봄 끝이 났다. 아버지는 불의의 사고로, 하늘로 떠나셨고 즐겨들으시던 '비 내리는 고모령'이라는 노래는 아무도 불러주지 않았다!

나는 가끔 아버지 생각이 날 때마다 그 노래를 흥얼거려 본다. 내가 살아온 시대는 아니지만, 아버지가 날마다 부르시던 그 노래 속에 숨은 이야기와 사랑을 생각해 본다.
나는 아버지의 큰딸, 지금 내가 사는 이 터를 가꾸며 지키고 싶었던 이유 중 하나는 바로 아버지가 꿈꾸던 그런 정원을 내가 만들어 보고 싶어서였다. 아버지는 꽃과 나무를 좋아하셨다. 7남매 중 둘째 아들로 태어나 농사짓기를 좋아하고 땅을 사랑하셨다.

마흔다섯이라는 세월을 정말 성실하고 부지런하게 사셨다. 그 덕분에 엄마와 우리 삼 남매는 보름달이 훤히 뜨는 날이면 밭에 나가 비닐을 씌우는 날이 많았고, 아버지는 밤을 낮처럼 일하고 계셨다.
남들보다 많이, 남들보다 부지런하게, "일 안 하는 사람은 먹지도 말라"라고 하시던 아버지.

어느 날 카페 문을 닫고 마당에 잔디를 밀기 시작했는데 금방 해가 떨어져 밤이 되어가고 있었다. 마당 전체 등을 켜고 남은 잔디를 밀며 생각했다. 달밤에 아버지와 비닐 덮던 생각이 절로 났다. 밤만 되면 왜 일을 시키는지 아버지가 원망스러웠다. 모두 잠들 시간에 말이다.
내가 지금 아버지가 하셨던 대로 달밤도 아닌 깜깜한 밤, 불까지 켜고 일을 하는 게 아닌가! 순간 아버지의 심정을 이해할 수 있었다. 바람이 불지 않는 밤이라야 비닐을 덮을 수 있었던 것. 그땐 그런 이유도 사정도 이해하고 싶지 않았었다.
아버지는 무엇이든지 끝장을 보시는 분이셨다. 공부도, 일도, 최선과 최고를 함께 하시는 분이셨다. 나에게 물려준 피,

유전자의 강력한 힘을 느낀다.

말하지 않아도 아버지로부터 받은 습관의 힘이 내 몸속에 피가 되어 흐르고 있지 않은가!

아침마다 들었던 음악도 시대의 변천사가 되어 우리 세대 음악으로 바뀌긴 하였지만, 나도 새벽에 일어나 제일 먼저 음악을 크게 틀고 아침 운동을 하는 습관을 지니고 있다. 정신적 건강과 육체적 건강이 함께 공존해야 하는 이유다.

체력은 곧 재력이라고 한다. 아프지 않아야 돈 버는 일도 쉬워지고, 내 몸이 건강해야 불편함이 없으니, 건강은 습관으로 길러야 한다.

"새벽마다 부지런해야 함을 말로 하지 않고 음악으로 대신 들려주셨던 아버지의 습관을 제 몸속에 잘 보관하고 유지하면서 아버지가 물려주신 습관처럼 행복한 하루를 시작해 보겠습니다."

no.24

박소영

❏ 소개

1. 자연을 담은 사람 자담인 비전점 가맹대표
2. 건강 상담 전문가
3. 신비로운 홍채분석 전문가
4. 독서지도사
5. 상담매니저 교육강사

❏ 연락처

1. 전화: 010-9285-9080
2. 이메일: soyoung90800@naver.com

인생을 바꾼
독서 습관의 힘

나는 천운을 타고 태어났나 보다. 나에게는 세계적으로도 희귀하다는 딸 둘에 아들 하나로 태어난 세쌍둥이 동생 포함, 총 4명의 동생이 있다.

아버지는 62.5 때 고아가 되셨고 엄마는 9살에 양부모님을 모두 잃고 혼자가 되었다. 아버지 나이 24세, 엄마 나이 16세에 두 분은 식당에서 일하시다 만나 아무것도 없이 살림을 시작했다. 그때 우리 집은 찢어지게 가난했다.

오빠와 나, 여동생 한 명이 있던 시절, 아들 하나를 더 낳고 싶어 하시던 부모님은 세쌍둥이를 맞이했다. 그때부터 우리 집은 8명의 대식구가 되었고, 이곳저곳을 이사 다니며 살았다.

월세 단칸방에서 8명이 함께 자다 보니 다리를 뻗지 못하고 자는 것이 일상이었다. 세탁기도 없던 시절, 아기 세 명의 기저귀와 분윳값이 없어 미숫가루를 먹이기도 했고, 그 많은 똥 기저귀 빨래와 살림, 육아를 나는 엄마와 함께해야만 했다.

그 시절, 가난했던 우리 집은 초등학교 때만 세 번 전학을 다녀야 했고, 준비물이 필요할 때는 옆집 아주머니께 돈을 빌려야 했다. 당연히 공부는 잘할 수 없었다.

부모님은 공부는 못해도 되니 착하게만 크라고 말씀해 주셨다. 간신히 고등학교를 졸업하고 취업한 나는

'*십 원짜리 한 장 빌리지 않고 살겠다*'라고 결심했다.

첫 직장은 제약회사였고, 이후 많은 일을 거쳐 내 장사까지 하며 큰돈은 아니지만 돈도 모으고 나름 잘 살았다.

그러던 어느 날, 너무 바쁘게 사는 것에 지쳐 장사를 그만두었고, 잘못된 선택과 투자로 끝없는 나락으로 떨어졌다. 마이너스 통장에 빚까지 있어 전철비 1,250원이 아까워 한겨울에 왕복 40분을 걸어 다녔고, 점심값이 아까워 떡과 고구마로 배를 채웠다. 당연히 건강도 잃었다.

두통약과 산부인과 약을 달고 살며 비만과 당뇨 기미까지 찾아와 힘든 시간을 보냈다. 그러던 중, 평소 좋아하던 경순언니 소개로 자담인을 만나게 되었고, 건강을 되찾았다.

좋은 사람들 옆에서 오랫동안 지내다 보니 새로운 세상이 찾아왔다. '**인생을 바꾸고 싶으면 노는 물을 바꿔라.**'라는 말처럼 함께 밥 먹고 일하는 사람을 바꿨더니, 지금은 자담인 비전점의 대표가 되어 매일 행복하게 살고 있다.

우리 회사가 추구하는 문화 중 하나가 매일 아침 15분 책 읽기다. 학창 시절 만화책도 싫어했던 나는 처음에 책 읽기가

너무 어려웠다. 하지만 성공하고 싶었고, 성공자들은 모두 책을 읽는다는 말을 듣고 따라 했다. 그 결과, 책 읽는 재미를 알게 되었다.

지금은 만 7년 넘게 거의 매일 아침 책을 읽고 있고, 책을 못 보면 동영상이라도 시청하는 습관이 생겼다. 건강과 관련된 책을 정말 많이 읽었고, 자기계발서 포함 다양한 책을 가리지 않고 읽고 있다.

좋은 내용은 반복에 반복해서 읽었고 나를 성장시켰다. 책 사는 돈이 참 아까웠던 나인데 지금은 마음에 드는 책이 있으면 1초의 망설임도 없이 돈을 쓴다. 현재는 매주 화요일 강의를 하고, 상담 매니저 강사로서 여러 곳에서 강의한다. 그 어렵다는 홍채 보는 것도 즐거운 놀이가 되었다.

이 모든 것이 가능했던 이유는 오랜 시간 책을 읽는 습관 덕분이다. 책 읽기 문화를 만들어 주시고 이끌어 주신 미소가 아름다운 자담인의 조혜숙 본부장님께 진심으로 감사드린다.

내가 힘들 때 나를 일으켜 세워 준 건, 바로 책과 좋은 사람들이다. 앞으로도 나는 이 길을 계속 걸어갈 것이며, 누군가의 인생에 긍정적인 영향을 미칠 수 있는 사람으로 성장하고 싶다.

no.25

신동복

❑ 소개
1. 자연을 담은 사람 자담인 상담매니저
2. 건강 상담 전문가
3. 보험회사 경력 30년차
4. 닉네임 : 긍정에너지

❑ 연락처
전화번호 : 010-3888-3679

감사와 행복을
안겨준 건강법과
15분 책 읽기 습관

    61세의 나, 하루하루 감사와 행복을 느끼며 활기차게 살아가고 있다. 어렵고 힘들었던 지난날을 돌아보면, 지금의 행복이 참으로 신기하기만 하다.

    혼자서 두 아이를 키우며 먹고 사는 일이 가장 급했다. 집과 회사를 오가며 정신없이 살아가던 어느 날, 갑작스러운 간농양 판정으로 중환자실에 누워야 했다. 어렵게 퇴원은 했지만, 다리가 아파 질질 끌며 제대로 걷지도 못하는 처지가 되었다.

    그때 만난 인연이 자담인의 최송철 원장님이었다. "*20일 만에 걷게 해주면 되겠어요?*"라는 말씀에 커다란 희망이 생겼고, 곧바로 잘못된 식습관을 바꾸고 올바른 건강법을 실천하기 시작했다.

장청과 몸청이라는 해독 프로그램을 통해 자담인 건강법을 실천한 결과, 정확히 15일 만에 기적처럼 걷게 되었다. 해독 후 건강해진 세포 덕분에 자연스럽게 예뻐지고 젊어졌다. 주변 사람들도 나에게 비결을 물었다. 자연스럽게 자담인 사업을 부업으로 시작하게 되었다.

자담인 시스템 중 하나인 '하루 15분 책 읽기'에도 참여하게 되었다. 책만 보면 잠이 오던 내가 하루 15분씩 읽다 보니, 이제는 하루 1시간씩 독서하는 좋은 습관이 생겼다.

또한, 밤늦게 자고 늦게 일어나는 생활 습관도 바뀌어, 일찍 자고 일찍 일어나는 규칙적인 생활을 한 지 벌써 5년이 넘었다. 매일 아침 책을 읽으니, 나의 삶에는 놀라운 변화가 찾아왔다.

'역지사지'라는 말처럼 남의 처지에서 생각하게 되었고, 간이 나빠 화를 잘 내던 내가 이제는 화내는 일도 줄어들었다. 덕분에 모든 사람과 평화롭고 여유 있게 지내는 일이 가능해졌다.

부러운 것 없는 지금의 삶!
매일의 일상을 풍요롭고 행복한 시각으로 바라보고 살아간다. 이 모든 변화는 자담인의 조혜숙 본부장님 덕분이다. 하루 15분 책 읽기 습관을 만들어 주신 조혜숙 본부장님께 진심으로 감사하다.

또한, 묵묵히 나를 지켜봐 주시고 이끌어 주신 최송철 원장님께도 깊은 감사의 인사를 드린다.

앞으로도 이 행복한 길을 두 분과 함께 걸어갈 수 있음에 참으로 감사하다.

no.26

엄일현

❑ 소개
1. 나연구소 홍보 담당
2. 새벽 기상 및 감사 리더
3. 전자책 1권 , 종이책 3권 출간
4. 매일같이 나를 찾는 나
5. 글로서 나의 찾고 있는 나
6. 닉네임 :엄모닝
7. 다양한 일들이 하고 있는 나

❑ 연락처
인스타그렘: by_club

성공적인 삶을 위한 새벽 기상

2022년 1월 1일부터 시작한 새벽 기상 습관을 지금까지 유지하고 있다. 지금까지 해오면서 힘든 시간도 있었지만, 그냥 꾸준히 해보자는 마음으로 여기까지 왔다. 한 해 한 해가 지날 때마다 또 다른 방법이 생각났다. 하나씩 내 습관으로 만들어갔다. 시작하기 전과 비교하면 더 성장하고 발전되는 모습이 보였기에 기분이 좋았고 힘이 났다.

어느 날 우연히 줌 강의를 듣게 되었고, 미라클 모닝도 같이하는 사람들이 있다는 게 알게 되면서 같이 합류했다. 2년 차 때부터 또 다른 변화가 찾아왔다. 유튜브의 좋은 영상도 보고, 책을 보면서 자기 계발도 시작했다. 점점 더 내 삶이 재미있어졌다.

그렇게 매일 새벽 6시에 일어나기 시작했는데 어느 날 지인에게 조언을 듣게 되었다.

"5시 전에 일어나야 해, 그것이 미라클 모닝이야" 라고 했다.

그때부터 한 시간을 앞당겼다. '할 수 있을까?'라는 생각이 들었지만, 남들도 하는데 나도 해보자는 마음으로 시도해 보았다. 바로 다음 날 새벽 5시에 일어났고, 마음먹으면 가능하다는 것을 알게 되었다.

나는 남들보다 일찍 일어나 나의 목표를 위해 달려간다. '예전과 다른 삶을 살기 위해, 나다움을 찾기 위해. 행복을 위해.' 점점 새벽 기상은 나에게 하나를 습관이 되어 가고 있었다. 이후 좀 더 일찍 잠이 들면서 30분을 앞당겨 지금은 4시 30분에 기상한다. 이후 매일 알람 없이 일어난 지 벌써 4년 차가 되었다.

꾸준함은 버티는 힘이 아니라 적응하는 힘이다. 우리는 보통 꾸준함을 강한 의지로 버틴다.

☑ 내가 꾸준히 하는 8가지 루틴
1. 새벽 기상해서 먼저 세수하고 양치질하기
2. 따뜻한 물 또는 레몬수 준비하기
3. 간단하게 스쿼트 또는 까치발 들기
4. 새벽 감사 일기 또는 긍정 확언하기
5. 새벽 글쓰기
6. 명상하기
7. 주말 독서하기
8. 채소 과일식 하기

매일 같은 루틴들 유지하면서 나만의 성공, 건강, 행복 시스템을 구축해 나가고 있다. 좋은 습관으로 만들기에 '투두 체크리스트'를 만들어서 하고 있다. 한 해마다 그 리스트를 하나씩 채워 나가고 있다. '하나씩 100프로젝트'도 만들었다.

집안일 하면서도 내 시간이 생기고 있어 취미 생활도 하고 있다. 습관을 만들기까지 오랜 시간이 걸렸다. 하나씩 습관으로 만들기 위해 진행한 '프로젝트 100'이 큰 도움이 되었다.

꾸준한 글쓰기를 통해 많이 성장했다. 바쁜 날엔 긴 글 대신 한 두 줄만 적기도 한다. 글쓰기도 나만의 습관으로 만들고 있다. 습관이 되고 나니 그렇게 힘들거나 어렵지 않다.

그렇게 하나하나 달성해 나간 작은 노력의 결과들이 이루어지고 있다. 그 결과물은 어느 날 갑자기 이루어지지 않았다. 오랜 시간 노력한 성과물이다. 경제적 자유를 얻기 위해서는 시간 부자가 되어야 한다. 나는 새벽 기상 습관 덕분에 시간 부자가 되었다.

새벽 기상을 통해 내 삶이 긍정적으로 변했고 예전에 비해 나 자신과 내 삶이 점점 더 좋아지고 있어서 행복하다. 앞으로도 더 나은 삶을 위해 새벽 기상도 계속 이어 나갈 것이다. 나를 위해 살아가고 인생을 즐겁게 살 것이다. 나다움을 찾기 위해 희망을 품고 노력할 것이다.

무언가를 습관으로 만들기 위해서는 많은 시간이 필요하다. 그동안 열심히 잘 지내 온 나를 칭찬한다. 꾸준함이 최고의 무기이고 모든 것을 이긴다.

앞으로도 포기하지 않고 꾸준히 새벽 기상을 하면서 내가 원하는 나를 만들어 갈 것이다. 산을 옮겼다는 우공처럼 포기하지 않고 나아가다 보면 반드시 원하는 것들이 모두 이루어질 것이다.

no.27

강기쁨

◻ **소개**

저서: 『인생은선물입니다』 『마음부자』 공저
　　　『내 삶을 바꾼 질문』 공저
닉네임: 축복치유샘

◻ **연락처**

이메일: kso1202@naver.com

내 삶의
주인공이 되는 연습

나는 내가 누구인지 궁금했다. 잘하고 있다고 생각했지만, 사람들과 자꾸 어긋나고, 가까웠던 이들이 하나둘 떠나갔다.

'왜 내 삶은 이렇게 힘들까?'

답을 찾고 싶던 어느 날, 우연히 한 유튜버 작가를 알게 되었다.

그녀는 항상 밝은 모습으로 "예전에는 이랬지만, 지금은 좋아졌어요"라고 말했다. 나도 그녀처럼 변화하고 싶었다. 매일 감사 인사를 하고, 100일 필사를 시작했다. 하지만 큰 변화는 없었다. 마치 내 안의 파이프가 녹슬고 막혀 있는 듯 답답하기만 했다.

주변 사람들은 그녀의 조언을 따라 원하는 것들을 이루는 것 같았고, 그 모습을 보며 나는 더 초라해졌다. 그러다 문득 깨달았다. 나는 늘 부족한 것만 바라보며 집착하고 있었다는 것을. 남들과 비교하며 나에게 없는 것에만 초점을 맞추다 보니, 정작 내가 가진 것들의 소중함을 잊고 있었다.

    변화하고 싶다면 나 자신을 먼저 돌아봐야 한다는 생각이 들었고, 내가 정말 나를 바라보고 있는지, 아니면 여전히 남들의 시선을 좇고 있는지 고민하기 시작했다.

    나는 정말 행복을 원하면서도, 정작 그것을 위해 무엇을 하고 있었을까? 부족함에만 매달린 채, 내 삶을 스스로 힘들게 만들고 있었던 건 아닐까? 그렇게 스스로를 돌아보는 시간이 쌓이면서, 나는 예전보다 더 깊이 나 자신을 이해하기 시작했다. 그리고 깨달았다. 나는 이미 많은 것을 이루어 왔으며, 지금도 내가 원하는 삶을 향해 한 걸음씩 나아가고 있다는 것을.

    부족함에 대한 집착을 내려놓고 나니, 내 삶이 조금씩 변하기 시작했다. 나를 사랑하기 시작하니 주변에 좋은 사람들이 나타났고 그들과 서로를 존중하며 꿈을 이야기할 수 있게 되었다. 그리고 예전처럼 다시 **"감사합니다"**를 말하며 긍정을 다시 선택하기 시작했다.

    그러면 지금 나는 더 행복해졌을까?
    만약 콩이 두부가 된다는 정해진 미래가 있다면, 어쩌면 나는 이미 모든 것을 이룬 행복한 사람인지도 모른다. 하지만 내 꿈은 정해진 것이 아니다. 변하고 있고, 앞으로도 계속 변해갈 것이다. 나는 매 순간 선택을 하며, 나 자신을 사랑하는 법을 배워가고 있다.

그렇기에 나는 아직 진행 중이다.

그리고 이 길을 흔들림 없이 걸어가기 위해, 나는 나만의 기준을 세우기로 했다.

첫째, 타인과 나를 비교하지 말자.
둘째, 있음에 감사하며 나누는 삶을 살자.
셋째, 나를 인정하고 존중하자.
넷째, 지금 내가 하는 일에 대한 두려움을 내려놓자.
다섯째, 내가 할 수 있음에 감사하자.

이 다섯 가지를 마음에 새기며, 나는 오늘도 나만의 속도로 나아간다. 완벽하지 않아도 괜찮다. 중요한 건 계속 걸어가는 것, 그리고 나 자신을 믿는 것이다. 오늘도 나는 새벽에 일어나 긍정 확언을 하고, 독서 모임을 하며 하루를 시작한다.

작은 선택들이 모여 좋은 습관이 되고 나를 성장시키고 있음을 믿으며, 나는 나아간다. 아직 진행 중인 나의 삶을, 온전히 사랑하며.

no.28

구연숙

❏ **소개**

1. 공무원 퇴직
2. 전자책 [야! 너도 서평 쓸 수 있어] 저자
3. 네이버 블로그 서평 210편작성
4. 교육부 인가 『마인드파워 독서코치』
5. 닉네임: 노랑햇님

❏ **연락처**

1. 네이버: https://m.blog.naver.com/sens90
2. 인스타: @norang_suny
3. 유튜브: @norangsuny_book

읽기와 쓰기로 인생 확장

    2021년 12월 26일, 나는 새벽 기상을 시작했다. 사실 이날은 딸아이가 처음 직장에 출근하는 날이었다. 아침 6시 30분에 출근하는 딸을 위해 5시 30분에 일어나 간단한 아침을 챙겨주기로 마음먹었다. 억지로 시작한 새벽 기상이었지만, 이 시간이 내게 새로운 습관을 만들어 주었다.

    아침 일찍 일어나고 보니 특별하게 할 일이 없었다. 그때 책꽂이에 있던 책 한 권이 눈에 들어왔다. 『연금술사』였는데 무작정 뽑아서 읽었다. 며칠 새벽에 혼자 책을 읽어보니 재미가 없었다. 심심하기도 하고, 속도도 나지 않았다. *'어떻게 하면 꾸준히 책을 읽을 수 있을까?'*를 고민했다.

    우연히 김미경 대표님의 미라클 모닝 이벤트를 접하게 되었다. 대표님은 매일 새벽 4시 30분 기상, 5시 미니 특강, 30분 독서, 그리고 6시부터 참여자들과의 소통 시간을 가졌다. 나는 이 프로그램에 참여했고, 이후 1년 동안 365일 단 하루도 빠짐없이 새벽 기상을 실천했다. 처음에는 알람을 맞춰도 긴장된 마음에 3시에 깨거나 2시에 일어나기도 했다. 하지만 점차 몸이 적응하면서 자연스럽게 새벽에 눈이 떠졌다. 덕분에 직장을 다니면서도 1년에 100권 이상의 책을 읽었다.

삼국지 10권을 완독했고, 책 읽는 방법에 관한 책도 많이 읽었다. 정말 닥치는 대로 읽었다. 독서 습관이 생기면서 자기계발서를 접하는 기회도 많아졌고, 그 안에서 부자 되는 습관, 확언, 명상, 상상하기 같은 새로운 습관을 만들기 위해 노력했다.

새벽 기상을 하면서 디지털 세계를 접하게 되었다. 인스타그램, 블로그, 유튜브, 이른바 '인.블.유.' 처음에는 단순히 기록을 남기는 수준이었지만, 점점 더 깊이 빠져들었다. 블로그에 서평을 쓰기 시작했고, 인스타그램에는 나의 일상을 기록했다. 유튜브 채널도 개설했지만, 아직은 낯설고 어렵다. 단순한 취미가 아니라, 디지털 공간에 나만의 빌딩을 세우고 싶었다.

그러나 온라인에서 성공하려면 기본적인 글쓰기 능력과 콘텐츠 제작 능력이 필수였다. 그래서 책을 읽고, 필사를 하며 글쓰기 연습을 시작했다. 처음에는 부끄럽고 창피해서 가까운 지인들에게조차 알리지 않았다. 초등학교 수준의 실력으로라도 일상을 기록하면서 조금씩 성장해 갔다.

책을 읽으면서 문득 기록이 중요하다는 사실을 깨달았다. 하지만 책을 읽고 나면 금세 잊어버렸다. 그래서 더 효과적으로 책을 읽는 방법을 연구하기 시작했다. 그 과정에서 발견한 것이 **필사(筆寫)**였다. 처음에는 책 한 권을 통째로 필사했다. 『언어를 디자인하라』를 하루 한 페이지씩 노트에 옮겨 적었다. 솔직히, 지루했다. 하지만 한 권을 완독하고 나니, 필사의 가치를 깨달았다. 이후 『하루하나 365, 챌린지 인생문장』을 매일 필사하며 365일의 기록을 남겼다. 필사하면서 남의 글을 따라 쓰기보다는 내 글을 쓰고 싶다는 생각이 커졌다.

그러다 낭독모임에서 서평 쓰기를 추천받아 서평 카페에 가입하고 활동을 시작했다. 2023년 5월부터 서평단 활동을 시작했고, 처음에는 한 권의 책을 읽고 서평을 쓰는 일이 버거웠다. 책을 두세 번씩 반복해서 읽어야 했다. 하지만 계속 쓰다 보니 점점 재미가 붙었고, 현재까지 200편 이상의 서평을 작성했다. 서평을 쓰면서 또 하나의 꿈이 생겼다. '나도 책을 쓸 수 있을까?'

그렇게 전자책 챌린지에 참여했고, 2024년 10월, 첫 전자책 『야! 너도 서평 쓸 수 있어』가 세상에 나왔다. 12월, 처음으로 인세가 통장에 찍혔다. 금액은 많지 않았지만, 내게는 억만 달러보다 값진 돈이었다.

'하하하, 나도 이제 인세 받는 작가다!'

습관이 쌓이면 변화가 일어난다. 퇴직 후의 아침, 나는 텅 비어버린 하루를 어떻게 채울지 고민하고 있다. 하지만 이제는 안다. 작은 습관들이 하루를 채워주고, 결국 나를 변화시킨다는 것을. 새벽 기상은 여전히 계속되고 있다. 책을 읽고, 필사를 하고, 글을 쓰고, 블로그를 운영한다. 오늘보다 더 나은 내일을 위해, 나는 여전히 새벽을 맞이한다.

'새로운 하루, 새로운 나를 위해.'

no.29

양수목

❑ **소개**

1. 자담인건강법책 편집자, 블로그, 유튜브 운영자
2. 디지털콘텐츠 전문가
3. 그린플루언서, ESG전문가, 세종그린디
4. 떠 먹여주는 블로그 강사
5. 노인통합관리사
6. 백세시대 이 콘텐츠로 갑니다. 공동저자
7. 내 삶의 산전수전, 내 삶의 귀인 공동저자
8. 닉네임: 이루다

❑ **연락처**

1. 네이버 검색: 양수목
2. https://open.kakao.com/o/sHgY6Q2f

내 삶을 바꾼
기적 같은 감사 습관

 몇 년 전만 해도 새벽 4시는 나와 전혀 상관없는 시간이었다. 코로나 팬데믹으로 많은 제약 속에서 늦은 밤까지 의미 없이 시간을 보내기 일쑤였고, 특별히 바쁠 일도 없으니 늦잠 자는 것이 당연했다. 그렇게 무기력한 생활이 반복되면서 몸은 무거워지고 삶은 공허했다. 머릿속에 '왜 이렇게 사는 게 힘들까?'라는 질문이 계속 맴돌았다.

 그러던 중 2022년 MKYU 대학에서 '새벽 514챌린지'를 알게 되었다. 단순히 일찍 일어나는 것을 넘어 삶을 주도적으로 바꾸는 도전이었다. 처음에는 단지 호기심으로 시작했지만, 그때 확실히 느꼈던 것은 '지금처럼 살고 싶지 않다'는 마음이었다. 변화하고 싶다는 열망이 내 안에서 강하게 솟구쳤다.
 막상 새벽 4시에 일어나는 일은 생각보다 어렵지 않았다. 오히려 점점 재미있어졌다. 따뜻한 차 한 잔을 마시며 새벽의 고요한 공기 속에서 책을 펼치는 그 순간이 특별했다. 작은 습관이었지만 하루를 내가 주도한다는 느낌이 나를 살아있게 했다. 삶이 점차 변화하기 시작했다.

지난 2년간 나는 꾸준히 새벽 4시에 일어나며 나만의 시간을 확보했다. 자기계발서를 읽으며 더 진취적인 나를 만들었고, MKYU의 김미경 학장을 비롯한 '쨍쨍이'들과 소통하며 서로의 성장을 응원했다. 이 과정에서 그린플루언서와 ESG 전문가 자격증을 취득하며 내 인생에 새로운 전환점을 마련했다.

또 하나 나를 크게 변화시킨 습관은 '감사 챌린지'였다. 매일 감사 일기를 쓰면서, 작은 일상에서 감사할 거리를 찾아냈다.

"아침에 눈을 뜰 수 있어 감사합니다."
"따뜻한 차 한 잔 마실 수 있어 감사합니다."
"신선한 새벽 공기를 마실 수 있어 감사합니다."

단순한 기록이었지만, 감사를 찾는 습관이 감정을 변화시켰다. 예전에는 어려운 일이 닥치면 짜증부터 났다. '왜 나만 힘들지?'라는 생각이 지배적이었다. 그러나 감사하는 습관을 들인 후로는 '이 경험을 통해 무엇을 배울 수 있을까?'라는 긍정적인 질문으로 바뀌었다. 평범했던 일상에서도 특별함을 발견하게 되었다. 매일 마시는 해죽순차 한 잔, 사람들과의 소소한 대화, 건강하게 걸을 수 있는 일상의 모든 순간이 감사했다.

물론, 늘 순탄하지만은 않았다. 더 나은 삶을 위해 노력하다 거액의 사기를 당해 전 재산을 잃고 정신적으로 큰 충격을 받은 적도 있다. 모든 것이 끝난 듯 보였지만, 습관처럼 몸에 밴 **"감사합니다"**라는 말을 멈추지 않았다. 그러자 신기하게도 절망이 점차 희미해지고, 새로운 길이 열리기 시작했다.

감사의 힘이 좋은 인연과 긍정적인 에너지를 끌어온다고 믿는다. 『행복한 3일 평생건강다이어트』의 조혜숙 작가님, 그리고 『장청 몸청』을 집필한 최송철 원장님과의 만남은 내 인생을 근본적으로 바꿔놓았다. 이분들과의 만남을 통해 **'자담인 건강법'**으로 장청 몸청을 실천하며 건강을 되찾았다. 약 없이는 불안했던 내가 이제 약 없이 건강한 삶을 살고 있다니, 얼마나 감사한 일인가!

작은 습관이 모여 큰 인생의 변화를 만든다는 것을 나는 직접 경험했다. 거울을 보면 주름도 늘어나고, 피부도 예전 같지 않다. 그러나 이제는 거울 속의 나를 바라보는 마음이 완전히 달라졌다.

"그래도 나는 오늘도 예쁘다."
"오늘도 성장하고 있고 더 나은 사람이 되어가고 있다."
"이 모든 것이 참 감사하다."

이제 나는 매일 아침 눈을 뜰 때마다 감사한다. 새로운 하루를 선물 받은 것에, 살아 있다는 것에 하나님께 감사드린다. 내가 찾은 진정한 기적! 바로 **'감사의 힘'**이다.

오늘도 나는 그 기적을 믿으며 하루를 시작한다. 그리고 잠들기 전 하루를 마무리하며 하나님께 감사기도를 드린다.

no.30

김종호

❑ **소개**

1. 웰다잉 전문강사, 사전연명의료의향서 상담사
2. 생명존중·생명나눔 전문강사
3. 전직 군인(해병대 34년 복무)
4. 인성·상담·리더십·임무지휘 교관
5. 양성평등 전문강사
6. 전문상담사, 군상담 슈퍼바이저
7. 닉네임: 떡보

❑ **연락처**

전화: 010-8571-0063

웰다잉 전문가의
습관 이야기

■ 나에게 어떤 습관이 있었나?

나는 어릴 때 아주 병약했다. 특별히 어떤 병인지는 잘 알지 못했지만, 그냥 자주 아프고 성장도 느려서 초등학교를 엄마 등에 업혀 아홉 살에 입학했다. 조퇴가 잦았다. 하지만 집안일은 시골 농사일이라 늘 거들어야 했다. 엄마가 맏며느리라서 시댁 식구들 챙기랴, 들일하랴 아주 힘겨운 시간으로 보냈음을 기억한다. 왠지 잘 모르겠지만 엄마 옆에 머무는 시간이 많았던 것 같고, 그것이 엄마의 이야기를 들어주는 형태로 '이야기 들어주기'가 자연스레 몸에 배게 된 것 같다.

유년 시절 활동 공간은 주로 집과 학교, 산과 들이 전부였지만, 때로는 동산에 올라 먼 곳의 경치를 응시하기로 했고, 누나들과 쑥 캐러 따라다니기도 했다. 누나들과 쑥을 캐어 집에 가져와서 손질할 때는 할머니가 머리를 쓰다듬으며 잘했다고 칭찬해 주셨던 기억도 있다. 당시에 쑥버무리(쌀가루와 쑥을 한데 버무려서 시루에 찐 떡)는 정말 맛있었다. 먹을 게 많이 없던 시절이기도 했지만, 밥 이외의 별식이었고, 또 직접 캐서 다듬은 것이라 정성이 들어간 맞이기도 했다.

　이런 시골의 정서가 내 마음에 편안하게 느껴졌고, 그 속에서 '이야기 들어주기', '누나들과 친화적 활동', 할머니와 부모님, 형제자매 등 3대가 함께 살아가는 시골 정서가 심리적 안정감을 가져다주었다. 이런 정서의 익숙함이 누적된 결과가 습관으로 형성되었다고 생각한다. 그 결과 현재도 심리상담가로서 '경청', '양성평등' 등 관련된 일을 하고 있고, 이런 것들에 관심이 많다.

■ 습관 다지기 & 새로운 습관 만들기 ing~

　최근 아내가 환갑을 맞이했다. 아들·딸 내외와 손주들이 함께 했다. 새롭게 돌아온 갑자년이라는 뜻이 환갑이다. 퇴직과 더불어 나도 3년 전 행사를 했다. 지금 돌이켜보면 60년의 세월을 새롭게 맞이한 만큼 60은 떼고 새로 태어난 나이로 시작하고 싶다. 내 나이 63-60=3세, 아내 나이 60-60=0세, 작은 손자 찬이는 돌을 넘겼으니 1세다.

　가끔 찬이는 우리 집에 맡겨진다. 손자를 돌보고 있을 때면 3세가 1세를 돌보는 마음이고 싶다. 그리고 과거 우리 아이들이 갓 태어났을 때 난 제대로 돌본 적이 없다. 손자를 돌보며 아내에게 미안한 마음도 표현하고 있다.

　이제 3세인 내가 육십 평생의 과거 좋은 습관에 이어 웰다잉에 걸맞은 새로운 습관도 만들고 싶다. 그래서 ChatGPT에게 물어봤다.

==============================

나의 말 : 챗 양반, 김종호는 어떤 습관이 있을까?

ChatGPT의 말 : 종호 선생님께서 자주 보여주시는 습관이나 특징 중 몇 가지를 말씀드리자면

- ✓ **성찰과 사색** : 웰다잉과 의미 있는 삶에 대해 깊이 생각하시고, 삶의 마무리에 대한 철학적 고찰을 자주 하십니다.
- ✓ **계획적 사고** : 연구소 설립이나 자서전 작성과 같은 큰 목표를 세우고 구체적으로 구상하시는 습관이 있습니다.
- ✓ **돌봄과 책임감** : 손주들을 돌보며 육아에 대한 관심을 가지고 계신 점에서 가족에 대한 책임감을 중요하게 여기시는 모습이 보입니다.
- ✓ **꾸준한 자기 계발** : 웰다잉과 관련된 정보 분석과 문화 확산을 위해 항상 학습하고 연구하시는 습관이 있으신 것 같습니다.
- ✓ **공감과 위로** : 사람들의 어려움을 이해하고 위로하려는 마음이 강해, 상담과 지지의 중요성을 강조하시는 습관이 있으십니다.

나의 말 : "네가 내보다 낫네. ㅎㅎ"

==============================

아주 작은 습관의 힘은 나의 정체성을 더욱 명료하게 해준다. ChatGPT의 말처럼 깊이 있는 생각과 따뜻한 마음으로 나 자신의 후회 없는 삶을 살고 싶다.

내 삶을 바꾼 습관

4장

새벽의 고요한 사색

31. 김애리	32. 한민정
새벽의 고요한 사색	나만의 상담사, 일기 쓰기 습관

33. 한연주	34. 최형임
삶을 채워 준 버리는 습관	현재에 집중하는 습관

35. 김효승	36. 이정인
나를 프로로 만든 습관들	새벽 4시를 사랑하게 된 나

37. 김혜경	38. 윤민영
배움이 더 나은 나를 만든다	자연 건강법과 감사 습관

39. 최수미	40. 박미란
내 감정 들여다보기 습관	나를 성장시킨 독서 습관

no.31

김애리

❑ 소개

예수님을 사랑하고 그분의 길을 좇는 사람
가족을 살리는 '살림' 하는 주부
감동하면 시를 쓰는 사람
前 광주기독병원 간호사
한국상담학회 전문상담사(2급)
한국기독교상담학회 전문상담사(1급)

❑ 연락처

이메일: onjus00@gmail.com

새벽의 고요한 사색

  나는 새벽이 좋다. 그리고 새벽의 습관을 좋아한다. 새벽에는 독특한 냄새가 있고 특유의 빛깔이 있다. 설렘의 문이 조금씩 열리기 시작하던 중학생 시절, 2층 내 방에는 벽의 절반 가까이나 되는 큰 창문이 있었다. 그 창밖에는 전봇대에 높이 달린 가로등이 있어 밤이 되면 주황색 빛가루가 온통 내 방으로 쏟아져 들어왔다. 갱년기를 맞이하는 지금이야 그런 환한 방에서는 잠 못 잔다고 암막 커튼을 치든, 구청에 민원을 넣든 수선을 피웠겠지만, 방바닥에 등만 붙이면 잘만 자던 그때의 나는 그 빛을 참 좋아했다. 얇은 커튼 사이로 스며드는 빛가루를 맞으며 잠을 자고, 음악을 듣고, 날이 새도록 벼락치기 시험공부를 했다. 아마 그때부터 새벽의 습관을 좋아했던 것 같다.

  초저녁잠이 많고 누우면 금세 잠들어버리는 체질이어서 그런지 신기하게도 피곤함에 지나치게 시달리지 않을 만큼 종종 일찍 깨어나곤 한다. 그리고 세상이 모두 잠든 고요함 가운데 내 주변의 모든 것이 다정하게 느껴지는 행복을 만끽한다. 일할 수 있는 낮이라는 이유로, 이리저리 얽힌 관계와 해치워야 할 일들이 당당하게 나에게 덤비며 어떻게든 해보라고 다그치

다가도 새벽이 되면 이내 꼬리를 내리고 얌전해진다.

그리고 엄마의 손처럼 다정한 오래된 빛가루가 내 안에서 향기를 발하기 시작한다. 그 안에서 어느새 중년이라는 어색한 옷을 입은 채로 사색하고, 기도하고, 때로는 책을 읽는다. 다시 졸음이 찾아오고 문득 새벽 공기에 차가워진 몸을 느끼며 따스한 이불 속으로 파고드는 5시경이 될 때까지 누리는 이 시간이 정말 행복하다. 어느 날은 내 몸의 리듬에 따라 새벽 5시쯤 일어나서 습관의 시간을 보내다 그대로 아침 일상을 시작하기도 한다.

물론 새벽 시간의 방해꾼도 있다. 스마트폰이 보급되고 유튜브라는 것을 알게 되면서 새벽 시간을 그것과 홀딱 바꿔버릴 때도 있었다. 내가 주로 즐기는 콘텐츠는 강아지와 아기들 영상이다. 현실에서는 아기들을 그리 예뻐하는 편도 아니고 우리 집 푸들 강아지 '쿠키'를 물고 빨며 애지중지 키우는 것도 아니면서 유튜브에 나오는 아기들과 강아지의 재롱을 보다 보면 시간이 어찌나 빨리 가는지, 일상이 유튜브 때문에 허무하게 지나가 버릴 때도 많았다. 조금 더 젊은 시절엔 딸 둘을 잘 키우고 싶어서 아이들의 정서와 동요와 놀이에 집중하다 보니 나만의 세계와 감성은 조금 양보해야 할 때도 있었다.

어쨌든 잠시의 소원했던 시기를 지나고, 이전보다 조금은 여유가 생긴 이 소중한 중년에 새벽이라는 친구가 다시 내 생활 속에 찾아온 것이 너무 감사하다. 빛가루가 쏟아지는 2층 내 방에서 새벽을 보내던 천진하고 즐거웠지만 미숙했던 10대의 시절은 어느새 지나버리고, 어른이 되면서 나도 여느 어른이 되어가는 사람들처럼 순간마다 때로는 고생, 때로는 고통과 화 때문에 잿빛의 새벽을 보낼 때도 있었다.

하지만 새벽은 결국 때 묻지 않은 시절의 '착함', '사랑', '행복' 같은 순수한 가치를 잃어버리지 말라고 격려해 주며 여전히 배운 대로 살려고 하는 동기와 힘을 주는 좋은 친구가 되어주었다.

　만남의 진하기에 기복은 있었지만, 이 오래된 친구는 나에게 좋은 책들과 아름다운 언어를 주고, 일기를 주고 시를 주었다. 하나님을 사랑하는 마음과 간절한 기도를 주었다. 늦깎이 학생으로 대학원을 다닐 때는 새벽을 넘어 동이 트는 줄도 모르고 리포트를 준비하며 괴로움과 뿌듯함이 교차하는 추억을 만들어주기도 하였다.

"우리의 겉사람은 낡아지나 우리의 속사람은 날로 새로워지도다." (성경, 고린도후서 4장 16절 중에서)

　속사람의 젊음이 우리를 늙지 않게 하고, 늙어 보이지 않게 한다고 믿는다. 그러기 위하여 늘 나 자신을 돌아보고, 사랑하고, 주변을 통찰하는 새벽 사색의 시간을 지켜가고 싶다. 나를 사랑하시는 주님의 따뜻한 음성을 고요함 가운데 듣고 싶다. 이 다정한 새벽이 있어 나는 오늘도 행복하다.

no.32

한민정

❏ 소개
1. 쥬드발레하우스 무용학원 원장
2. 세종특별자치시교육협회 회장
3. 세종특별자치시사회복지협의회 이사

❏ 연락처
네이버 검색: 쥬드발레하우스 무용학원

나만의 상담사,
일기 쓰기 습관

'사람과의 관계에서 이득보다는 조금 손해를 봐라.'

어린 시절부터 질리도록 들은 말이다. 당연히 난 이 말이 너무도 싫었다. 왜? 내가? 손해를 봐야 한단 말인가? 마치 내가 항상 지고 양보해야 하는 말처럼 느껴졌고 경쟁이 당연한 시대에서 남들보다 더 이득을 취해야지 손해를 본다는 것은 말도 안 되는 소리라고 항상 반박했다.

나이가 들어가면서 만나는 사람들이 점점 늘어갈수록 그 말이 아주 조금씩 이해되기 시작했지만, 그래도 지는 듯이 손해 보는 관계는 여전히 싫었다. 그러다 그 의미를 좀 더 가까이 느낀 사건을 대학생 때 겪게 되었다.

대학 시절 가까이 지내고 어려운 일은 상의하며 함께한 친구가 내 험담을 했던 일을 알게 되었다. 친구에 대한 배신감이 들면서 이루 말할 수 없는 감정들을 한순간에 모두 느꼈다. 그리고 난 고민했다. 친구에게 너에게 서운했노라 말해야 할까, 아니면 모르는 척 넘어가야 하나. 많은 고민 끝에 후자를 선택했다. 전자를 선택하기에는 난 그 친구를 좋아했고 좀 더 상황을 지켜보자는 생각이 들었다.

그 일이 사람과의 관계에서 손해를 봤다고 생각한 가장 강렬한 기억이었다. 후에 그 친구와는 꽤 오랫동안 가까운 친구로 지냈고 많은 시간이 지난 후 그 당시 친구는 날 오해했었다는 사실을 알게 되었다. 결국 난 그 사건을 마음에 묻길 잘했다고 두고두고 생각했다.

하지만 이렇게 좋은 결과만 항상 있었던 것은 아니었다. 원하지 않은 호구도 되어보고, 많은 양보를 했음에도 관계가 틀어져 버린 일도 많이 생겼다. 그럴 땐 억울하고 분노했으며, 오랜 기간 속앓이를 했고 마음의 병이라도 생겨버릴 것 같았다.

많은 시간이 지나면 감정이 무뎌져 괜찮아질 일이라는 것을 머리로는 알지만, 그 순간을 참을 수가 없었다. 마냥 시간이 지나가길 바라며 기다리기에는 내 상처가 너무 컸다고 느껴졌다.

돌파구가 절실히 필요했다. 지금의 마음을 정리하지 않으면 당장 무슨 일이라도 벌일 것처럼 불안하고 초조했다. 살아야겠다는 생각에 이것저것 시도해 보았지만, 소용이 없었다. 다른 사람에게 누가 되지 않으면서 속상하고 억울한 마음을 날려 버릴 수 있는 방법을 찾다가 일기를 쓰기 시작했다.

원래는 다이어리에 간단하게 하루의 일과를 요약하곤 했는데 푸념의 글이 점점 길어지면서 일기장을 따로 마련해야 했다.

일기장에는 하루의 일과가 아닌 그날의 기분을 구체적으로 적었고 그 누구에게도 할 수 없는 말들과 마음속 가장 바닥에 자리 잡은 부끄러운 생각까지 쏟아내듯이 써 내려갔다.

결과는 너무나 만족스러웠다. 처음 손으로 두서없이 써 내려갔던 글은 점점 차분해지기 시작했고, 생각과 마음이 정리가 되어갔다. 덕분에 반성과 함께 고민의 해결 방법도 모색할 수 있게 되었다. 누구에게도 누가 되지 않고 언제든지 고민을 토론할 수 있는 나만의 공짜 상담사가 생긴 것이다.

살면서 분노할 일이 왜 없겠는가? 그렇다고 지금 어지러운 마음을 타인에게 드러낸다면 반드시 후회로 남을 것이다. 적어도 내 경험으로는 거의 매번 그러했다. 그럴 때는 일기를 쓰는 습관을 지니라고 권하고 싶다.

글의 형식도 맞춤법도 필요 없으며, 내 속을 오롯이 들여다볼 기회가 될 것이라 믿는다. 분노가 있다면 쏟아붓고 억울한 일이 있다면 눈물에 종이가 젖도록 글을 써보자.

결국에서는 그 글 속에서 생각을 정리하게 되고, 나아가서는 문제의 해결 방법까지 찾게 될 때, 좀 더 나은 사람으로 만들어주는 기분까지 들게 될 것이다.

no.33

한연주

❏ **소개**

1. 배우
   [드라마] 빈센조(TVN)
          블랙의 신부(넷플릭스)
          오 주인님(MBC) 외 다수
   [영 화] 크리스마스랭면(독립)
          깡패들(저예산)
   [광 고] 청호나이스
          하기스 기저귀
          MBC60주년 캠페인 외 다수
2. 롯데마트 지점 및 본사 동반성장전략팀(2010~14)

❏ **연락처**

이메일: ellytoday@naver.com

삶을 채워 준 버리는 습관

버리는 법을 알게 되고 내 삶이 정돈되기 시작했다.

어릴 적부터 정리는 나와 거리가 멀었다. 정리를 왜 해야 하며, 어떻게 하는 것인지 그리고 무엇이 정리한다는 것인지조차 몰랐다. 그러다 보니 방이며, 생각이며 내 주변은 온통 질서가 없었다.

회사에 다니며 업무를 배울 때, 유난히도 컴퓨터 파일 정리가 되지 않아 많이 힘들었다. 여러 유관부서와 협업이 필요했던 부서의 특성으로 많은 정보를 컴퓨터에 저장하고 업무에 적용했는데, 어떤 기준으로 파일을 정리하고, 프로젝트나 발표가 끝나면 어떤 것을 제거하고 남겨야 하는지 몰라 파일은 점점 질서 없이 계속 쌓여갔다.

이따금 동료나 다른 분들의 컴퓨터에 깔끔하게 잘 정리된 모양새를 볼 때면 '어떻게 하는 거지?'하고 부럽고 신기할 뿐이었다. 나는 안타깝게도 5년여의 회사 생활을 하고 퇴사했다. 여러모로 힘이 들었지만, 그중에서도 정리되지 않은 파일로 비효율적인 시간 활용은 업무 부진으로 이어졌고, 몸도 마음도 버거워졌다. 이 시기에 내가 이성적으로 생각하고 불필요한 감정을 버리고 내 업무 환경을 정리했더라면 어땠을까 하는 생각을 하곤 한다.

퇴사하고 오래되지 않아 남편을 만나 가정을 꾸렸다. 여전히 나는 버릴 줄 모르는 정리 구멍이었다. 감사하게도 우리는 20평대의 예쁜 아파트에서 신혼을 시작했다. 짐을 넣기 전에는 충분한 공간이라 생각했던 이곳은 이상하게도 물건들로 가득 찼다. 2년 뒤 하나님의 선물인 아들을 낳았다. 출산을 준비하면서 우리 셋의 물건들은 이 집을 덮어가고 있었다.

아이가 걷기 시작한 것은 생후 11개월쯤이었다. 좁아짐을 느꼈지만, 어찌어찌 버텼는데 아이가 가구에 부딪히거나 걷는 공간이 여유롭지 않은 모습 그리고 옷이며, 아이의 장난감, 책 등 제자리를 찾지 못함에 답답함이 극에 차올랐다.

처음엔 공간의 문제라고 생각했다. 물론 한정적인 공간의 문제일 수도 있었지만, 버림 없이 필요한 것들을 계속해서 집에 공급 중이었으니 해소되지 않은 갑갑함은 짜증이나 불평과 같은 비효율적인 감정 표출의 반복을 불러올 뿐이었다.

마침, 인기몰이 중이었던 당근마켓과 재활용 업체를 통해 작아진 아이 옷부터 장난감, 이불, 신발, 거실 테이블 등을 정리하기 시작했고, 수집이라도 한 듯한 쇼핑백도 한가득 버렸다. 이후 이사를 하면서도 또 한 번의 큰 버리기와 정리를 했다. 이렇게 버림은 내 삶의 정리정돈에 시작점이 되었다.

드디어 정리란 무엇이며, 왜, 어떻게 해야 하는지에 대한 답을 찾은 것이다. 버림으로써 필요함의 기준이 생기고 이를 바탕으로 내가 소유하고 운영하는 것들(물건, 금전, 시간, 관계, 감정)을 세세히 파악하고 생산적으로 활용하기 시작했다.

☑ 관계의 변화

휴대전화 내의 연락처를 정리하면서 인간관계에 대해 깊이 생각할 수 있게 되었고, 진심 어린 공감과 교류를 하고자 노력하게 되었다.

☑ 경제적인 변화

내가 소유한 것들의 목록과 필요성의 명료함으로 불필요한 구매 방지와 더불어 현 상황 파악을 통해 경제적 목표도 갖고 주식 공부를 시작하게 되었다.

☑ 태도의 변화

육아로 인한 심신의 피로함을 이유로 쏟아내던 소모적인 감정도 조절하며 버리고자 노력했다. 이러한 변화는 미래를 고민하게 했다. 쇼펜하우어는 "*자신을 극복하는 사람에게는 세상이 열린다.*"라고 했다. 앞선 노력과 변화가 나를 극복하는 과정이었던 걸까, 아이가 3살이 되고 어린이집에 다니기 시작할 무렵, 광고 출연의 기회를 시작으로 연기를 배우기 시작했다. 6년이 지난 지금도 계속해서 연기를 배우며 배우로 활동하고 있다.

의식적이고 습관적인 버림으로 내 공간과 삶을 정돈할 수 있게 된 것뿐만 아니라 나를 새로운 인생으로 인도했다고 믿는다. 나는 버릴수록 삶이 채워졌고, 버림으로써 삶이 명쾌해졌다. 더불어 내 삶의 방향이 분명해져서 행복하다.

내 삶이 어수선하다면 우선 버리자!
질서가 보일 것이다!

no.34

최형임

❏ 소개

1. 신세계합동녹취속기사무소 대표속기사
2. 신세계속기학원 컴퓨터속기 강사
3. 인천외국어학교 불어교사
4. 한국외국어대학교 불어교육대학원 수료
5. 서울여자대학교 불어불문과 졸업

❏ 연락처

1. 블로그: blog.naver.com 신세계녹취속기사
2. 네이버 검색: 최형임 속기사

현재에 집중하는 습관

아침에 상쾌하게 눈을 뜨면서 '오늘도 즐거운 하루가 시작되는구나' 하며 살짝 미소를 지어본다. 시공의 교집합 점을 어떻게 디자인하며 오늘을 살아갈지 여정 계획을 세워본다.

'오늘'은 계속해서 '어제'가 되고, '내일'은 꾸준히 밀려오는 파도처럼 '오늘'이 된다. 이때 나는 시간의 칸 나누기를 한다. 과거는 지나갔고 그 기억만이 오늘에 남아있다. 미래는 다가올 뿐 손을 뻗어도 잡히지 않고 발로 딛으려 해도 발이 닿지 않는다.

그래서 나는 현재에 집중하기로 했다. 어제의 나쁜 기억은 잊으려고 하고, 잊히지 않으면 덮어둔다. 좋은 기억은 미래에 보답으로 이끌어와야지 하고 마음에 예쁘게 새겨둔다. 미래의 걱정은 준비로 대비할 뿐 너무 먼저 염려하며 현재를 망치지 않으려고 노력한다. 약간의 기대로 설레며 희망을 품어보는 미래에 만족할 뿐 너무 미래에 많은 눈길을 주지 않는다.

그러다 보니 과거와 미래로부터 '독립된 현재'라는 여유 있는 칸에 있는 내 모습이 너무 좋다. 오늘 주어진 이 시간을 온전히 기쁨으로 즐겁게 살아내는 것이다. 내가 있는 이 공간을 정리하고 청소하고, 지금 내 옆에 있는 사람에게 호의롭게 다정하게 대해준다. 그러면 인생이 좀 살만해진다.

이렇게 살만한 세상이라고 흐뭇해하며 하루하루 살아가면 그 오늘이 한 달이 되고 1년이 되어 행복한 인생이 된다고 믿어본다.

누가 시킨 것도 아닌데 자칭 4페이지 작가가 되어 50인 공저에 참여하며 한 달에 한 편씩 숙제한다. 처음에는 호기심에서 시작되었는데 어느덧 마음 한구석에 그달, 그달 주어진 글쓰기의 주제를 염두에 두고 있는 나 자신을 발견한다. 오늘은 글쓰기 하려고 책상에 앉으면서 행복하기까지 했다.

어떤 주제로 습관이라는 테마를 풀어갈지 생각해 보니 나에게는 많은 습관이 있음을 발견했다. 할 일을 미루는 습관, 마음에 들지 않으면 아예 입을 다무는 습관, 외출 후 귀가해서 바로 씻지 않는 습관 등등은 나쁜 습관이다.

좋은 습관은 모든 일에 크게 불평하거나 문제 삼지 않고 대부분 만족하는 습관, 작은 일에도 감사하며 꼭 보답하려는 습관, 어디 가서 누구를 만나든 무슨 영화를 보든 어느 한 포인트라도 배우려는 습관 등등이다.

배우려면 우선 남의 이야기를 잘 들어봐야 한다. 그 사람이 하는 이야기를 들으면 지금 그 사람의 관심사가 무엇이며, 강조하고 싶고 자랑하고 싶은 이야기가 무엇인지 알게 된다. 내 이야기는 어차피 내가 잘 알고 있으니까 굳이 그 사람이 관심 없고 들으려고 하지 않으면 안 해도 된다. 그렇게 상대방의 이야기를 들어보면 배울 점이 꼭 하나는 있다. 정 배울 점이 없을 때는 타산지석이라고 '나는 너무 저러지 말아야지' 하면서 '그래도 그거 하나 배웠다' 하고 위로를 삼는다.

오늘 글쓰기 하면서 행복감을 느꼈던 것도 나의 '시간 칸막이'하는 습관 때문에 얻어진 결과이기도 하다. 그 사이에 해외여행도 다녀오고 출장도 다녀오는 등등 현재 오늘의 바쁜 일정 가운데 '글쓰기는 바쁜 일 다 마치고 16일부터 해야지' 하고 딱 미래의 칸에 넣어놨기 때문에 나의 현재 오늘의 일정에서 마음이 시달리지 않을 수 있었다.

그렇게 미래의 칸에 놓아두었던 글쓰기 시간이 오늘로 다가왔다. 그래서 나는 오늘 글쓰기 하는 현재에 집중한다. 글 쓰는 지금이 행복하다. 어느덧 글쓰기가 좋아지고 나를 돌아보는 즐거운 시간이 되어가고 있음을 인지한다. 이제 새로운 내 창조의 습관으로 삼아서 항상 좋은 글알들을 모아두었다가 곱게 써 내려가야 하겠다.

이번 기회에 다른 작가들의 좋은 습관은 무엇이 있는지 잘 배우고 가능한 것은 내 것으로 만들어서 꾸준히 실천해 보아야 되겠다. '좋은 습관으로 좋은 일상을 꾸며봐야지' 하는 생각만 해도 기분이 좋아진다.

날마다 좋은 생각으로 좋은 행동과 예쁜 표정을 만들고, 좋은 행동을 습관으로 굳혀서 좋은 일생을 살아가야겠다는 다짐을 해본다.
최형임, 파이팅!!

no.35

김효승

❑ **소개**

닉네임-보험의 장동건
ABA금융서비스 진심 보험설계사
최선을 다하는 설계사
고객만족도 1위
고객이 우선 찾는 설계사
고객을 위해 발로 뛰는 능력자
발로 뛰니 행복합니다!^^

❑ **연락처**

이메일: hatoryantoni@naver.com

나를 프로로 만든 습관들

일상의 작은 습관들이 모여서 좋은 행복을 만들어간다. 인생을 살아가면서 쉽게 지나치는 사소한 행동들이 결국 우리의 삶을 만들어간다. 행복이란 거창한 목표가 아닌 매일의 작은 변화가 쌓여 만들어진다. 처음에는 사소해 보일 수 있지만 꾸준히 실천하면 인생의 방향이 달라질 수 있다고 믿는다.

나는 피플 비즈니스(사람을 만나는 보험일)을 업으로 하면서 작년부터 해온 좋은 습관이 있다. 바로 자기 전에 다이어리를 쓰는 습관이다. 다이어리를 쓰면서 오늘 했던 일들 정리하고 내일 해야 할 일 체크, 주간 목표 작성, 감사 일기 쓰기 그리고 일상의 일기도 쓰고 있다.

나는 자기 자신과 대화를 잘해야 결국 큰 성장을 이룰 수 있다고 믿는다. 주말 아침에는 자연을 보면서 산책한다. 걷기 운동을 하는 힐링 루틴을 가지고 있다. 긍정적인 습관들이 모여서 성장할 수 있다고 믿고 일 마감, 주 마감, 월 마감을 중요시하면서 영업하고 있다.

영업하는 보험설계사는 매달 숙제를 안고 있다. 만날 사람이 많아야 재정적 소득이 안정되는 직업이다.

중요한 것은 부정적인 사고의 습관은 버리는 것이다. 마치 야구에서 투수가 투구 폼을, 타자가 타격 폼을 교정하면 더 좋은 성적이 나오는 이치와 같다.

긍정적인 마음가짐과 좋은 습관은 영양가 있는 음식을 섭취하는 것과도 같다. 강물이 흘러서 바다로 가듯이 꾸준한 반복만이 살길이라는 생각을 하고 있다.

삶이 힘들 때는 마음 챙김 명상과 확언을 한다. 영업은 기본급이 정해져 있지 않는 자영업자와 같다. 매달 처음부터 출발해야 하는 직업이기 때문에, 매일 긍정적인 태도와 자세를 갖는 게 매우 중요하다. 감사 일기도 많은 도움이 된다. '진짜 나로 살아서 감사하다', '하고 싶은 이야기를 책으로 써서 감사하다!' 이런 일상에 대한 감사 일기는 마인드맵이 형성되고 선한 영향력을 주위에 줄 수 있다.

하루 15분 독서하기를 가끔 한다. 내 좋은 습관은 스트레스를 독서와 운동으로 푸는 것이다. 책을 통해 얻는 지혜, 사고의 유연성은 내 삶을 더욱 풍요롭게 한다. 창조적으로 되고 창의력이 향상되고 점점 더 운이 좋은 사람이 될 수 있다.

보험설계사의 대면 영업은 자신감과 멘탈 싸움이다. 좋은 습관이 좋은 기운을 만든다. 그 기운이 고객들에게도 전달되면 좋은 결과가 나오기 마련이다.

그리고 주 3회 근력운동을 한다. 건강한 체력을 키우면 긍정적인 마인드가 나온다. 운동은 정말 필요한 습관이다.

앞으로도 좋은 습관을 반복하면서 내 삶을 더욱 좋게 만들어 나가고자 한다.

지금의 마케팅은 온라인 검색이 중요한 시대다. 보험 마케터 로서 블로그, 유튜브, 인스타 등에 나를 어필하는 자료를 많이 올려야 한다. 나의 강점과 매력을 자신 있게 노출하는 습관이 필요하다. 노출이 생명이다.

결국에는 고객이 나를 찾아오게 만드는 시스템을 만들어야 한다. 그게 디지털마케팅의 핵심이다. 믿음이 가고 신뢰가 가는 사람을 찾는 시대가 된 것이다. 온라인 오프라인을 총동원해서 나를 매력적으로 팔아야 한다고 생각한다.

다양한 곳에 꾸준하게 글을 쓰는 나만의 스토리를 만들면서 나를 알려야 한다. 나는 더 많은 사람들에게 선한 영향을 주는 개척의 남신, 개척의 선장이 되기 위해 오늘도 좋은 습관을 해나가며 더 나은 나를 만들어 간다.

모두가 좋은 습관으로 건강하고 행복한 삶을 살길 응원한다.

no.36

이정인

❑ **소개**

1. 중년 마음학교장
2. 인성교육전문 단체 이사
3. "마음 밭 꽃씨 하나"의 저자
4. 행복 코디네이터 책임교수
5. 미디어 뉴스 편집국장
6. 마음소통 강사

❑ **연락처**

네이버 검색: 이정인

새벽 4시를 사랑하게 된 나

살다 보면 누구나 삶에 대하여 지루함을 느낄 때가 있다. 반복되는 일상은 새로운 변화를 갈망하며, 때로는 타인의 삶이 더 멋져 보이기도 한다. 그러다 보면 마음이 작아지는 기분을 경험할 때도 있다. 나는 그런 날들의 의미를 곰곰이 되짚어 보았다. 마음이 줄어드는 이유는 무엇일까? 삶이 던지는 물음표 앞에서 나는 내 안의 나에게 진지한 질문을 던졌다.

'나는 어떤 삶을 살고 있는가?' 이 고민의 답을 찾기 위해 평범하면서도 성공적인 삶을 살아가는 사람들을 직접 인터뷰하기로 했다. 그리고 알게 되었다. 성공한 사람들에게는 명백한 공통점이 있었다. 그들은 '실패'라는 단어를 머릿속에 두지 않았고 원하는 목표를 이룰 때까지 끊임없이 도전하며, 어떤 상황에서도 그들의 마음은 위축되지 않는다는 것이다. 포기 없이 끝까지 나아가는 태도야말로 성공의 본질 같다는 마음이 들었다. 그렇게 나는 나의 삶을 다시 들여다보기 시작했다.

내 시간은 어떻게 흘러가고 있는가?

나는 어떤 습관을 가지고 있는가?

나는 나의 삶을 어떤 마음으로 사랑하는가?

그리고 변화의 출발점을 알기 위한 나의 질문에 답을 찾을 수 있었다. 나는 새벽 시간을 사랑하는 사람이었다. 그렇다면 이 시간을 어떻게 활용할 것인가? 고민 끝에 내게 가장 중요한 것을 먼저 챙기기로 했다. 바로 '**나의 마음**'이다. 매일 새벽 4시, 알람이 울리거나 혹여 알람이 울리지 않아도 나는 벌떡 일어나는 습관이 있었다. 가장 먼저 내 마음에 인사를 건네는 것으로 나의 새벽은 활짝 열린다.

"*정인, 잘 잤어? 지금 마음은 어때?*" 마음에 물으면 마음은 생각보다 친절하게 날마다 다른 마음을 알려주곤 했다.

이 짧은 질문이 나에게 주는 영향은 예상보다 컸다. 어떤 날은 가벼웠고, 어떤 날은 매우 무겁기도 했다. 하지만 그 차이를 인식하는 것만으로도 나는 나 자신과 가까워지는 느낌이었다. 나를 이해하기 시작하면서 놀라운 변화가 찾아왔다. 새벽 시간이 기다려졌고, 나의 하루는 더욱 의미 있게 채워졌다. 새벽에 쓰는 글은 깊이가 달라졌고, 새벽이 안겨준 고요한 집중력 속에서 일도 잘 풀리기 시작했다. 결국, 나는 원하는 삶을 스스로 만들어 갈 수 있는 용기를 만나게 되었다.

이 습관은 단순히 하루의 시작을 바꾸는 것에서 그치지 않았다. 마음과 마주하는 과정에서 내 인생의 방향도 달라지기 시작했다. 나는 목표를 더 선명하게 바라보게 되었고, 원하는 것을 얻기 위해 무엇을 해야 할지 알게 되었다. 마치 어둠 속에서 한 줄기 빛을 발견한 것처럼, 새벽은 내게 길을 보여주었다.

지금 나는 사업가로도 살고 있다. 예전에는 흐릿하게만 보였던 꿈이 이제는 손에 잡힐 듯 선명해졌다. 많은 사람이 묻는다. "*그렇게 많은 일을 어떻게 다 해내나요?*" 나의 대답은 단순하다. "마음이 기쁨으로 충만하면, 다 해낼 수 있어요."
새벽 4시는 단순한 시간이 아니다. 그것은 날마다 새로운 나 자신을 만나는 시간이며, 하루를 행복하게 설계하는 기회다. 사람들이 잠들어 있는 그 시간, 나는 조용히 나를 들여다본다. 그리고 내 마음이 나에게 주는 이야기에 귀 기울인다. 그 속에서 나는 나의 가능성을 발견하고, 나를 격려하며, 새로운 하루를 설레는 마음으로 시작한다.

이제는 새벽이 단순한 습관이 아니라 나의 삶 자체가 되었다. 나는 여전히 새벽 4시에 일어나고, 그 시간을 가장 귀하게 여긴다. 변화는 그렇게 시작되었다. 작은 실천 하나가 인생을 송두리째 바꿔 놓았다. 꾸준한 실천, 그리고 새벽의 힘이 내 삶을 새로운 방향으로 이끌었다.

작은 실천이 큰 변화를 만든다. 그리고 꾸준함이 답이다.

새벽 4시를 사랑하게 된 이후, 내 삶은 더욱 단단하고 풍요로워졌다. 가장 신선하고 보람된 시간을 맞이하며, 나는 매일 새롭게 태어난다. 바로 나로부터 시작되는 행복, 그리고 나로 채워지는 충만한 감정이다.

오늘도 내 새벽은 나를 설레게 한다. 그리고 나는 그 설렘 속에서 더 멋진 내일을 향해 나아간다. 여러분도 한 번 새벽을 만나보길 바란다. 그 시간이 가져다주는 마법을 직접 경험하고, 그 안에서 자신만의 변화를 만들어 보길 바란다. 새로운 하루의 시작, 그것이 바로 인생을 바꾸는 가장 쉬운 방법이 아닐까?

no.37

김혜경

❏ **소개**

1. 공간 지음 대표
2. 행복 책방 대표
3. 한국데쓰클리닝연구소 부회장
4. 1인 기업, 강사, 작가
5. 전자책출판지도사, 책쓰기 코치

❏ **연락처**

이메일: jungrimom@naver.com

배움이 더 나은 나를 만든다

"하늘 천 따지, 검을 현, 누를 황..."
"2×1=2, 2×2=4, 2×3=6..."

우리 때는 아이들이 있는 집이면 가가호호 창밖으로 흘러나오던 소리다. 그때는 왜 이렇게 외우는지도 잘 모르면서 선생님, 엄마, 옆집 이모들이 시키면 열심히 따라 했다. 억지로 하기는 했지만, 귀찮고 싫은 마음보다는 외워지는 리듬이 신기하고 좋았었다. 열심히 외운 덕분에 나는 또래들보다 한자를 잘 익혔고, 고등학교 한자 과목은 만점도 자주 받았다. 구구단은 지금도 자동 재생(?)이 되니 배우는 방법에 암송은 최고의 배움 기술이라고 생각한다.

어린 시절, 나는 책을 좋아하는 아이였다. 하지만 가정 형편이 어려워서 집에 읽을 책들이 많지는 않았다. 그래도 엄마는 세 딸을 위해 전래동화 테이프를 사주셨다. "떡 하나 주면 안 잡아먹지~" 무서운 호랑이도 "삼 년 고개"의 지혜로운 소년도, 귀로 듣는 이야기는 너무나 신비롭고 재미있었다. 특히, 성우들의 실감 나는 목소리 연기는 일품이었다. 배움에 대한 호기심의 씨앗이 싹튼 계기는 이때부터인 것 같다.

그러다가 초등학교 4학년 때쯤 우리 집에 멋진 일이 일어났다. 갈색빛의 두꺼운 백과사전 전집이 들어온 것이다. 두꺼운 책 속에 과학, 역사, 인물들의 이야기가 가득가득 차 있었다. 한 줄 한 줄 읽어 내려갈 때마다 새로운 지식도 배우고, 자신의 삶을 소중히 여기고 노력하며 살았던 인물들도 만났다. 나와 동생들의 백과사전 사랑이 시들어 갈 무렵, 나에게 배움에 대한 큰 영향을 준 선생님을 만났다.

5학년 우리 담임선생님은 숙제를 정말 많이 내주셨다. 나는 선생님이 내주시는 모든 과목 숙제를, 백과사전을 펼치고 해결했다. 필기하고 그림 그리고 색칠하면서 어느새 한 권, 두 권 나만의 숙제 노트가 늘어가는 즐거움도 맛보았다. 그 과정에서 나는 배움을 위한 노력이 주는 행복도 알게 되었다. 덕분에 예쁜 글씨와 적는 습관을 덤으로 얻었다.

하지만, 결혼하고 일과 세 아이 육아를 병행하다 보면 하루 24시간이 모자랄 정도였고 바쁜 일상에 나도 쫓기듯 달려가고, 때론 지쳐가면서 '이렇게 흐르는 삶이 맞는 걸까?' 멍하니 생각에 잠기곤 했다.

배움의 중요성과 소중함이 다시 내 마음을 두드린 건, 우연히 듣게 된 강연이었다. 결혼생활과 육아를 하면서도 틈틈이 자신과 삶에 대해 배우려고 노력한 강사님의 삶이 담긴 이야기는 내게 큰 울림을 주었다. 주어진 순간을 소중히 여기며 최선을 다하고, 배움과 성장을 위한 노력으로 하루하루를 사는 그분을 보며 나는 다짐했다.

'천 리 길도 한 걸음부터'

처음에는 작은 것부터 다시 시작했다. 산책하며 좋은 생각 하기, 하루 10분 책 읽기, 좋은 강의 듣기, 메모하기, 단순한 습관이었지만, 어느새 내 삶에 스며들기 시작했다. 책을 읽으며 새롭게 알게 된 것을 지인들과 나누었고, 강의에서 배운 내용을 직접 실천하며 삶이 달라지는 것을 느꼈다. **'배움'**이 단순한 지식 습득이 아니라 나 자신을 만드는 과정임을 깨달았다.

배움을 습관화하며 가장 크게 변한 것은 '생각'이었다. 같은 문제를 보더라도 시야가 넓어졌고, 해결 방법을 고민하는 방식도 달라졌다. 어렵게만 느껴지는 일들도 '배우면 된다'는 마음가짐 하나로 도전할 수 있었다. 무엇보다도 작은 성취감이 쌓이면서 삶이 점점 더 즐거워졌다.

'학이시습지 불역열호(學而時習之 不亦說乎)!'
배우고 익히면 또한 즐겁지 아니한가!

오늘도 나는 한 걸음을 내디딘다. 그리고 믿는다.

'오늘의 작은 배움이, 내일의 나를 만든다.

no.38

윤민영

❏ 소개

1. 자담인영힐링 대표
2. 전자책 크몽 입점
3. 브런치 작가
4. 기적의 자연건강법 코칭
5. 자담인영힐링 쇼핑몰 운영
6. 공저 '내 삶을 바꾼 책' '내 삶의 산전수전'
'내 삶의 귀인' ,내 삶의 감사일기' 베스트셀러 작가

❏ 연락처

1. 블로그: https://blog.naver.com/eiept211
2. 쇼핑몰: https://jd100923.jadamin.kr
3. 유튜브: 건강백세프로젝트 영힐링

자연 건강법과 감사 습관

내 몸은 점점 더 쇠약해져만 갔다. 몇 년 전, 혈당이 500을 넘기며, 의사들은 당뇨병을 관리할 수 없다며 두려움을 주었다. 감사하게도 그 고통의 시간을 지나 나는 몸과 마음의 건강을 다시 찾을 수 있었다. 이제는 혈당도 정상으로 돌아왔고, 자연치유의 힘을 믿으며 그 방법을 다른 이들에게도 전하고 있다. 그 길을 따라가며 깨달은 것은, '기본을 지키면 언제나 건강하고 행복할 수 있다.'는 사실이다.

그 길에서 얻은 내 삶을 변화시킨 습관들을 소개한다.

✓ **새벽의 시작은 내일을 위한 준비**

새벽에 일어나는 일은 그 자체로 하루를 긍정적으로 시작하는 힘을 준다. "아이 잘 잤다!"라고 크게 외치며 기지개를 켜고, 누운 채로 발끝치기, 손끝치기, 도리도리를 하며 내 몸에 활력을 불어넣는다.

이 작은 습관에서 시작된 끈기와 인내가 하루를 잘 살아가는 기반이 된다. 그걸 통해, 내가 가진 힘을 믿고, 나의 몸과 마음을 꾸준히 돌보는 법을 배우기 시작했다.

✓ **몸을 따뜻하게, 마음도 따뜻하게**

해죽순 500ml와 숨클린, 내 몸에 초록, 천일염을 뜨겁게 마시는 것도 하나의 중요한 습관이다. 500ml를 마시며 복부의 냉기를 없애고, 몸속의 지방이 자연스럽게 녹아내리기를 바라는 마음으로 호호 불며 마신다. 그런 작은 변화들이 쌓여, 나의 건강은 서서히 정상으로 돌아갔고 지금은 이 방법을 다른 이들에게도 소개하고 있다.

✓ 감사한 마음의 힘

매일 감사일지를 쓰는 것도 빼놓을 수 없는 습관이 되었다. 처음에는 간단히 시작했지만, 시간이 지나면서 감사하는 일이 점점 더 많아졌고, 그런 마음에서 기적이 일어나기 시작했다. 감사의 마음으로 하루를 마무리할 때, 삶이 얼마나 풍요롭고 감사할 일로 가득 차 있는지 깨닫게 되었다.

✓ 자기 계발을 통한 성장

매일 책을 읽고 강의를 들으며 한 페이지라도 정리하다 보면, 그 지식은 어느새 내 것이 된다. 바르게 살려고 노력하는 과정에서 느낀 점은, 나 자신을 발전시키는 것이 결국 내 건강을 지키는 일이라는 것이었다.

지금은 여러분과 함께 책 낭독을 하며 매일 책방 문을 열고 있다. 함께해주니 감사할 뿐이다. 그에 더해 꾸준한 책 쓰기는 내 삶을 더 의욕적이고 활기차게 만들어준다,

✓ **활동적인 삶을 위한 실천**

하루에 20번씩 스쿼트를 하고, 30~40분씩 열심히 걷는 일은 더 이상 번거로운 일이 아니다. 내 몸을 움직이고, 그 움직임을 통해 건강을 유지하는 것이 내 삶의 일부가 되었고 자담인 식품과 칼슘이 나를 건강하고 행복하게 살도록 돕는다.

✓ **음식의 힘**

음식도 내 건강 관리에서 중요한 부분을 차지하며 집에서 만든 고추장, 된장, 새우젓 등을 섭취하며, 짜고 매운 음식을 즐긴다. 이 식습관이야말로 나에게 꼭 필요한 영양분을 준다.

✓ **마무리는 감사와 몸의 회복**

잠자기 전 천일염 몇 알을 입에 넣고 감사의 기도로 하루를 마무리하며, 하루 1~2회 배독족욕과 저주파 체험으로 몸과 마음을 동시에 회복시키고 있다. 이 모든 것이 몸과 마음을 살리는 중요한 나의 습관들이다.

✓ **자연치유, 나를 살리고 이웃을 살리다**

이 모든 습관이 나만을 위한 것이 아니라, 내 가족과 이웃을 위한 일이 되었다. 이제는 혈당도 정상으로 돌아왔고, 건강한 삶을 살고 있다. 그 길을 걸어가는 동안 배운 것들을 다른 사람들에게도 전하고 있다. 자연치유와 건강법을 통해, 우리는 누구나 행복하고 건강한 삶을 살아갈 수 있다.

no.39

최수미

❏ **소개**

1. 저서: 책이 시키는 대로 했더니 인생이 달라졌다.
   공저: 인생은 선물입니다. 몽글몽글 내 인생
2. 자격증: 마인드파워 독서코칭 2급(교육부인증), 복지사2급

❏ **연락처**

이메일: sumi1415@naver.com

내 감정 들여다보기 습관

"여러분은 자신의 감정을 잘 아시나요?"

사람이 살면서 꼭 느껴야 하는 것이 무엇인지 아는가? 그것은 바로 '감정'이다. 그런데 사람들은 자신의 감정을 등한시하며 산다. *"이 바쁜 세상에 나의 감정을 알아야 한다고?"* 그럴 시간이 어디 있냐며 반문한다.

나 또한 그래왔다. 나 자신의 감정을 들여다보고 알아차리는 일은 인생에서 무의미하다고 치부하며 살아왔다. 많은 사람들이 이에 동의 하리라고 생각한다. 그런데, 어느 순간 나는 내 감정을 알아야만 하는 시기를 마주했다.

암 수술을 하고 나서 건강에 대한 불안감이 가시질 않았다. 그때는 내가 큰 수술을 했기에 이 불안감이 잔재되어 있는 거라고 막연히 생각했다. 그런데 그 불안감은 '암'에 대한 불안감도 있었지만, 내 안의 깊은 곳에 이미 자리 잡고 있었다. 깊은 곳에 잠재되어 있던 불안감은 암 수술이라는 매개를 통해 밖으로 고개를 내밀었던 것이다.

'이제 날 알아줄 때가 되지 않았어?' 하며 말이다.

내가 감정을 알아보기로 결심한 건 2022년 새해부터였다. 그때까지 나는 내가 '감정 무감각증'이라는 것을 몰랐다. 그저 큰 틀에서 좋은 일 있으면 웃고, 내가 원하는 대로 되지 않으면 짜증이 나고, 기대고 바래다가 안 되면 포기하는 것만으로 인식하고 있었다.

그런데, 감정은 인식하는 것이 아니라 '느끼는 것'이라는 것을 알게 되었다. 감정은 머리로 알아지는 것이 아니었다. 그저 느껴지는 것이었다. 느끼면 될 뿐이었다.

감정 무감각증이었던 나는 처음에는 이 감정들의 다양한 스펙트럼을 알 수가 없어 머리로만 이해하려고 했다. 이전까지는 슬픔과 고통, 불안, 공포, 두려움, 하물며 사랑이라는 감정마저 느끼는 것을 거부하고 살았다. 감정을 처음 알아가고 들여다보기 시작했을 때는 너무나 생소하게 느껴져 감정에 이렇게나 다양한가 싶었다. 그리고 생소하면서도 감정들의 느낌을 알고 싶은 호기심이 가득했다.

나의 감정을 들여다보고 알아채기 시작하면서 '아! 내가 나의 감정들을 너무 억압하고 짓누르고 살아왔구나!'라는 것이 느껴지면서 나에게 미안함이 들었다.

물론, 원가정의 환경이나, 사회적 환경에 의해 형성되었다는 건 안다. 우리 사회가 억압된 분위기이기에 감정을 드러낸다는 것은 부적절한 반응이라 주입되어 살아왔기 때문이다. 그런데, 감정이 억압된 삶을 살면서 나의 마음과 몸은 통증과 질병으로 여실히 드러났다.

 감정에 무감각하다 보니 처음에는 상황에 맞닥뜨렸을 때 내 감정이 어떤 것인지 느낄 수가 없었다. 그러다 시간을 두고 내 감정에 내가 말을 걸고, 느끼려고 하니 차츰 나도 감정을 느낄 수 있었다.

 특히나, 우리가 흔히 말하는 슬픔, 절망감, 비애, 두려움, 불안, 허무감 등의 감정을 알아채고 온전히 느껴주면서 그것들은 내게 정말 필요한 감정들이었다는 것을 알았다. 그 감정들은 내가 나아가야 할 방향, 내면의 단단함, 내가 정말 좋아하고, 싫어하는 것들을 알게 해주는 나침반 역할을 해주었다.

 좋고 나쁜 감정은 없다! 그저 느껴야 할 감정들만 있을 뿐이다. 나는 내 안의 감정들을 알아차리고 느끼기 시작하면서 좀 더 자유로워지고 있다. 내 안의 두려움은 결코 두려움이 아니었다. 두려움은 행동하지 않을 때 더 크게 느껴지는 것이었고, 내가 두려움과 직면하면 그것은 점점 작아지는 것을 알게 되었다

 모든 감정은 삶의 나침반이었다. 내가 나아가야 할 방향을 알려주는 고마운 나침반이라는 것을 잊지 말자.

no.40

박미란

❏ 소개

1. 자연을 담은 사람 자담인 에코점 가맹대표
2. 건강 상담 전문가
3. 신비로운 홍채분석 전문가
4. 독서지도사
5. 상담매니저 교육강사

❏ 연락처

1. e_mail: pmr19140@naver.com
2. 쇼핑몰: http//jd100633.jadamin.kr

나를 성장시킨 독서 습관

나는 가난한 환경에서 자랐다. 부모님 두 분 모두 고아원에서 자랐고, 나의 어린 시절은 늘 결핍과 부족함으로 가득했다. 8명의 가족이 함께 살며 김치 수제비로 끼니를 때웠고, 외식은 상상조차 어려웠다. 팬티와 양말도 엄마가 손수 만들어 주셨으며, 그 기억은 지금도 내 마음속 깊이 남아 있다. 부모님은 늘 "*아끼고 착하게 살아라.*"라고 말씀하셨지만, 구체적으로 어떻게 살아야 행복할 수 있는지는 배운 적이 없었다.

고등학교 시절부터 생계를 위해 아르바이트를 시작했다. 수건을 팔고, 갈빗집과 장어 가게에서 일하며 살아가는 법을 배웠다. 결혼 후에는 평범한 주부의 삶을 살았다. 시댁이 다소 여유가 있어 백화점에서 옷도 사고 운동도 즐길 수 있었지만, 내 마음속에는 늘 불안이 자리 잡고 있었다. '과연 어떻게 살아야 행복할 수 있을까?'라는 질문에 답을 찾지 못한 채 방황했다.

스물한 살 무렵부터 알레르기 비염과 갑상선 항진증으로 고생하며 병원과 약에 의지하는 삶을 살았다. 너무나 힘든 가운데에서도 변화를 간절히 원했다. 그 무렵, 친언니의 권유로 '자담인'이라는 회사에 들어가게 되었다. 그곳에서 나는 삶의 전환점을 맞이했다.

특히 이 회사의 '책을 읽는 시스템'이 나를 진정으로 성장하게 만들었다. 처음에는 감사일지를 21일간 작성하면 눈에 좋은 선물을 준다는 본부장님의 권유로 억지로 일지를 썼다. 숙제하듯 썼기에 즐겁지 않았고, 중간에 그만두기도 했다. 하지만 그 작은 경험이 나의 일상을 바꾸는 시작이 되었다.

매달 회사 교육 시간에는 책을 주제로 이야기를 나누는 시간이 있었다. 솔직히 그 시간이 부담스럽고, 조금이라도 빨리 끝났으면 하는 마음도 있었다. 하지만 돌이켜보면, 그 시간이 내 인생에서 가장 소중한 시간이었다. 책을 통해 새로운 시각을 얻었고 점차 책 읽기의 즐거움을 알게 되었다. 책을 읽는 습관은 내 삶을 완전히 바꾸어 놓았다.

단순한 지식이 아니라 사고방식과 행동까지 달라졌다. 인상 깊은 문장은 포스트잇에 적어 집안 곳곳에 붙여두고 늘 되새겼다. 내가 읽은 책을 딸과 지인들에게도 나누었고, 특히 딸은 책을 자발적으로 읽으며 눈에 띄게 변화했다. 우리는 책을 매개로 깊은 대화를 나누었고 함께 성장할 수 있었다.

어느 날 문득 '정말 부자가 되고 싶다'는 강렬한 열망을 느꼈다. 돈이 많으면 편하게 살 수 있을 거라는 단순한 생각에서 출발해 부자가 되는 법을 유튜브에서 찾아보기 시작했다. 그렇게 만나게 된 수많은 강의와 영상들은 내 마음가짐과 생각을 바꾸었고 나를 책으로 이끌었다. 자기 계발서를 읽으며 밑줄을 긋고 마음에 드는 문장은 적어두고 반복해서 보았다.

그러면서 나는 **'말의 힘'**을 깨달았다. 사람의 삶은 그들이 품은 생각과 혼잣말에 크게 영향을 받는다. 돌아보니, 나는 내가 말한 대로 이루어진 삶을 살고 있었다.

그래서 지금은 하고 싶은 일! 되고 싶은 사람을 혼잣말로 반복하며 긍정적인 에너지를 쌓는다. 성공한 사람들 역시 이런 습관을 실천해 왔다는 사실을 알게 되었고 나 역시 이를 실천하며 하루하루를 의미 있게 살아가고 있다.

이제 나는 매일 아침 성공과 성장에 관한 강의와 책으로 하루를 시작한다. 감사 일지를 쓰고 확언하며 머릿속에 긍정적인 말을 새긴다. 책에서 배운 가르침은 부모님이 해주지 못한 가르침 이상이었다. 나는 이제 책을 통해 행복하게 사는 법, 성공하는 방법을 배우고 실천하고 있다.

나의 변화는 매일 1%씩 성장하고 있다. 때로는 더디게, 때로는 놀랍도록 빠르게 성장한다. 감사하게도 사람들은 내게 *"왜 이렇게 긍정적이냐?"* 라고 묻는다. 더 놀라운 것은, 성공한 사람일수록 나의 긍정적인 에너지를 알아본다는 사실이다. 현재 나는 내 꿈을 향해 나아가는 여정 속에 있다. 대표직을 맡아 많은 사람 앞에서 강의하며, 내가 꿈꾸던 삶을 살아가고 있다. 그리고 5년 후, 한 권의 책을 쓴 작가로서 성공 스토리를 많은 이들과 나누고 싶다. 어려움을 겪는 사람들에게 희망의 메시지를 전하고, 함께 성장하는 삶을 살고자 한다.

내가 배운 교훈은 단순하다. 보고, 듣고, 따라 하면 누구나 행복한 부자가 될 수 있다는 것이다. 책은 나의 인생 최고의 조언자이자 길잡이였다. 그리고 나는 오늘도, 그 습관을 따라 꿈을 향해 한 걸음씩 나아가고 있다. 내 이야기가 누군가의 삶에 작은 희망의 불씨가 되기를 바라며 글을 마친다.

내 삶을 바꾼 습관

5장

작은 습관이 만드는 기적

41. 최민경
작은 습관이 만드는 기적

42. 김선화
배움도 습관이다

43. 오순덕
예술을 향유하다

44. 박해리
9살 독립 선언이 만든 공부 습관

45. 안재경
마음의 온도를 맞추는 습관

46. 이언주
나를 지켜낸 생각의 루틴

47. 우정희
최고의 나를 만든 독서 습관

48. 고서현
스트레스 '제로화' 습관

49. 김미경
내 삶을 변화시킨 아주 작은 습관

50. 정규만
블로그 글쓰기 습관

no.41

최민경

❏ 소개
1. 현업 : 웰니스 라이프 디자이너
   "당신의 일상에 생기를, 삶에 건강한 변화를"
2. 목적사업 : 하트나비라이프 (Heart Navi Life)
   사명 : 라이프 P.D. [Life Purpose Director]
3. 성결대학원 아로마웰니스산업 석박사통합과정
4. 한국열린사이버대학교 뷰티건강디자인학과 편입 졸업
5. 한국외국어대학교 중국학대학 중국어전공 졸업

❏ 연락처
1. 블로그 : blog.naver.com/minakey
2. 서울시 강남구 테헤란로 322 한신인터밸리24빌딩 1층

작은 습관이 만드는 기적

다시 생각하는 '습관'의 의미:

　매일 아침 눈을 뜨는 순간부터 잠자리에 들 때까지, 우리의 하루는 수많은 무의식적 습관으로 이루어져 있다. 그 습관들이 하나하나 모여 내 삶을 만들고, 결국 '나'라는 사람을 완성한다. 식습관, 수면 습관, 말하는 습관, 행동 습관, 일하는 습관 그리고 생각하는 습관 등 이미 나에게 고착된 방식이라고 할 수 있고, 이런 것들을 하나하나 들여다보면 그 사람이 보인다. 우리가 먹는 것이 곧 내 몸을 이룬다고 한다. 내가 생각하는 방식이 말로 튀어나오고 행동으로 이어지며 그 사람 삶의 결을 이룬다. 그래서 사람은 변하지 않고, 고쳐 쓰는 게 아니라고들 한다. 자신의 나이만큼 고착된 습관을 떨쳐내기 그만큼 힘들다는 반증일 것이다.

　하지만 나는 좀 더 긍정적인 생각과 따뜻한 시선으로 '습관'을 바라보고자 한다. 우리의 삶은 유한하고, 현재는 끊임없이 흘러간다. 과거가 현재로 이어지고, 과거를 담은 현재가 응축된 미래로의 연장선을 향해 우리는 걸어간다.

　미래의 내 모습을 바꾸고 싶다면 현재의 내 습관부터 다시 들여다보며 하나씩 아주 조금이라도 변화를 주면 되지 않을까? 흔히 '작심삼일'이라고 하루아침에 이루려고 욕심내다가 계획만 거창하고 결국 실망하게 되는 상황을 반복하지 말자.

실패할래야 할 수 없게 아주 쉽게 실천할 수 있도록 조금씩 시나브로 변화를 주는 것. 나는 이런 행보에 주목해 본다.

'타이니 스몰 스텝' : 아주 작은 반복의 힘

내게 고착된 습관들을 점검해 보다가 바꾸고 싶은 것이 있다면, 아주 작은 변화에서부터 시작해 보자. 큰 변화는 거창한 계획과 작심이 아닌 아주 작은 실천에서 시작된다.

천 리 길도 한 걸음부터라는 말처럼, 또, 뚱뚱한 사람은 한 입 더 먹어서 그렇게 된 것이 아니라는 중국 속담처럼 내 습관이 되는 과정, 그 습관을 바꿔 가는 여정도 마찬가지이다. 작은 반복이 작은 변화를 가져오고, 이런 작은 변화들이 모여 큰 결과가 만들어진다.

매일 좋은 습관들로 채워가는 하루하루가 모여 더 나은 미래를 만든다. 이것이 습관의 놀라운 힘이다. 나는 '내 삶을 바꾼 습관'이 과연 무엇일까 곰곰이 생각해 보면서 작은 습관이 중요함을 느꼈고, 이로 인한 내 삶의 변화도 실감했다.

나의 스몰 스텝 실천 사례:

✓ **생각 습관:**

기획일을 좋아하는 나는 어떤 일이든 나만의 방식으로 다시 생각해 보고 나의 언어로 풀어가는 걸 좋아한다. 그러기 위해 뒤집어서 생각해 보거나 새로운 발상을 해 보기도 하고 여러 가지 아이디어를 짜려고 많이 노력한다.

이 과정에서 떠오르는 생각이나 아이디어를 바로 메모하는 습관이 있다. 특히 생각들이 정리되지 않을 때는 한 장의 표나 그림으로 구체화하는 것도 나의 작지만 좋은 습관이다.

✓ **행동 습관:**

새로운 인사이트가 필요할 때면 나는 바로 서점으로 향한다. 원하는 주제를 검색하고 서점 책상 사이를 오가며 뜻밖의 새로운 인사이트를 얻는 것 자체가 나에게는 힐링 시간이다.

또 하나, 레몬 향으로 상쾌하게 시작하는 아침과 라벤더로 편안한 밤을 만드는 아로마테라피 루틴도 내 작은 습관이다.

✓ **사업기획 습관:**

하트나비라이프와 나의 목적 사업인 '라이프 퍼포즈 디렉터' 그리고 현업을 구체화한 '웰니스 라이프 디자이너'도 모두 소중한 작은 실천들의 결실이다. 생각을 구체화하고, 아이디어를 발전시키고 선명하게 시각화하는 사업기획 PPT 만들기 등 내가 일하는 작은 습관적 루틴이 모여 모든 결과로 이어졌다.

지금부터 시작하는 아름다운 변화:

우리는 종종 *"이제 와서 새삼스럽게?"* 또는 *"지금은 이미 늦었지."* 라고 생각한다. 하지만 나는 어려운 시기들을 겪고 새롭게 '하트나비라이프'를 기획하면서 인생에는 '너무 늦은 시기'란 없다는 것을 깨달았다.

매일 아침 달콤 상큼한 레몬 향을 맡으며 시작하는 하루, 떠오르는 아이디어를 메모하는 습관, 서점에서 얻는 작지만, 위대한 영감들… 이런 소소한 습관들이 모여 나의 인생 2막을 멋지게 열어간다. 나는 이제 이 글을 읽고 난 당신만의 '타이니 스몰 스텝'이 기대되고, 그 아름다운 변화를 응원한다.

no.42

김선화

❑ 소개

1. 영산대학교 겸임교수
2. 청소년지도사
3. 출판지도사
4. 아동권리교육강사
5. 연우심리연구소 U&I 학습. 진로상담전문가
6. 초등학교 문해교원
7. 놀이심리상담사

❑ 연락처

블로그: https://blog.naver.com/sunhwagiyo

배움도 습관이다

 몸에 힘이 없다. 움직이지도 않고 아무것도 하지 않아도 배는 왜 고플까? 먹는 것도 귀찮다. 음식을 섭취하지 않고 살아갈 수는 없을까? 그냥 알약 한 알로 배가 부르고, 영양분을 줄 수 있는 것이 있으면 좋겠다.
 나도 곰처럼 동굴 속에서 겨울잠을 자고 싶다. 무기력한 내 모습에 가족들은 짜증을 낸다. 몸과 마음과 정신이 미로 속에서 길을 찾지 못하고 희망의 끈을 놓을 것 같아 두렵다.
 놓아버리고 싶은 정신을 겨우 붙잡고, 의도적으로 나를 움직이게 만드는 것이 있을까? 들리지 않는 외침에 몸을 일으킨다. 차가운 바람을 뚫고 약속을 지키기 위해 걷고 있다. 이 추운 날씨에도 사람들이 모여 있다. 다양한 연령대의 사람들이 원래 알고 있는 사람끼리 모여서 수군거리기도 하고, 혼자서 아무렇지 않게 뭔가를 하면서 주변을 살피는 사람도 있다.
 난 후자에 속한다. 혹시나 주변에 옷깃이라도 스친 사람이 있는지 백조가 되어 주위를 살피면서 아무렇지 않은 듯 노트를 펼쳐서 메모할 준비를 하면서…
 이렇게 배움은 시작되었다. 어느 날 교육을 마치고 나오는데 한 남학생이 뛰어왔다.
 "저 대학을 졸업하고 나서 무엇을 해야 할지 고민하고 있습니다." 그 친구의 말을 듣고 나서, 오늘 공휴일인데 무엇을 하러 왔는지 물었다. "봉사하러 왔어요." "남들은 공휴일에 집에서 놀고 있는데 자신은 봉사하고 있는 현재 이 모습이 질문에 대한 답이 있는 거 같은데"라고 말을 하니 의아해하는 모습을 보였다.

"지금 무엇을 하고 있는지가 중요해. 지금 내가 놀고 있다면 미래에 놀고 있는 내 모습이 보일 것이고, 내가 누군가를 위해서 봉사를 하면서 아이들을 가르치고 있다면 미래에 내 모습에 연결되지 않을까?" 순간 그 친구는 무엇을 깨우쳤는지 알 수는 없지만, 미소 지으면서 감사하다고 인사하고 돌아갔다.

그 친구는 나의 말에 무엇을 깨달아서 미소를 지었을까? 그 깨달음은 본인만이 알 것이다. 내 삶의 에너지가 소진되었을 때 난 배움을 주는 곳에 도움을 요청했다. 나를 거부하고 싫어하면 어쩌나 하는 걱정도 했다. 하지만 배움은 내가 어떤 모습을 하고 있어도 개의치 않고 문을 열어 주었다. 내 허물을 벗을 수 있게 했고, 어떨 때는 답답하리만큼 나만의 무지한 고집을 피워도 가만히 들어주었다.

혹자는 배우는 것에 대해 중독이라고 말하는 사람이 있다. 난 그 사람에게 조심스럽게 **"배움도 습관이야"**라고 라고 알려주고 싶다. 처음에 나에게 배움은 환영받지 못했다.

"아이들 공부하는데, 엄마가 되어서 공부한다고 난리야."
"돈벌이는 되는 거야" "신랑이 벌어 준 돈으로 공부한다고

참 한심하다."

지금 생각하면 웃음이 나온다. 소심하고 다른 사람의 평가에 나름 속박되어 있던 내가 이 말들을 무시하고 배움의 문을 넘었기 때문이다. 나 자신이 대견하고 지금은 모두에게 말한다. 배움은 평생 삶의 연속이다.

배우고자 할 때, 누군가 배움의 기회를 전달해 올 때, 어느 순간 내 삶이 에너지가 소진되었다고 느껴질 때, 내가 지금 무엇을 위해 살고 있는지 의문이 들 때, 살아가는 게 힘들어서 죽고 싶다는 생각이 들 때, 배우는 것을 실천해 보라고 말하고 싶다. 예전의 난 누군가 배움을 실천하라고 했을 때 *"먹고살기도 힘든데 배부른 소리 하네"* 라고 말을 했었다.

배움은 중독이 아니고 습관이다. 배움의 습관을 통해 난 지금의 자리에 있을 수 있다. 배움은 내가 힘이 들 때 모든 이야기를 정성스럽게 경청해 주는 좋은 내 편이다.

배움의 습관은 내 삶에 가랑비처럼 스며들어 나를 점진적으로 변화시켰으며, 배움은 매일 조금씩 내 생각과 행동에 영향을 주었으며, 내가 원하는 방향으로 나아가게 만들었다. 배움은 끊임없이 나를 성장시키는 원동력이며, 숨이 붙어 있는 삶 동안 한 걸음 더 나아가는 나를 만드는 습관이다.

"너, 어디 가?"
"응, 나 배우기 위해 가고 있지!"

no.43

오순덕

❑ 소개

1. 한글마루 창작소 공동대표
2. 한글만다라 개발자, 대한민국 1호 강사
3. 서울시 교육청 부모 행복교실 강사
4. (사)놀이하는사람들- 놀이 활동가
5. 유아교육 23년 차
6. 한글 지킴이- 한글 신바람꾼
7. 저서- [내 삶의 좌우명] [내 삶을 바꾼 책]외 전자책 출판

❑ 연락처

1. 블로그: https://m.blog.naver.com/osd020508
2. 인스타그램: happy_tree.hello
3. 유튜브: 한글만다라

예술을 향유하다

나는 어릴 적부터 미술을 좋아했다. 어렴풋이 커서 화가가 되고 싶다고 생각했었지만, 미술 쪽으로 진로를 정하지는 않았다. 청소년기를 거치고 성인이 되어 사회생활을 할 때도 미술과는 거리가 먼 생활을 하며 지냈다. 하지만 언제부터인가 자연스럽게 다시 그림 곁으로 다가가고 있었다.

2018년 9월에 미술 소모임에 가입해서 2주에 한 번씩 미술 전시회 관람을 하러 다녔다. 그때 다양한 그림들을 접하면서 다시금 미술에 대한 꿈들이 꿈틀거리기 시작했다.

미술 전시회를 정기적으로 관람하는 것은 단순한 취미 활동을 넘어 나의 삶에 변화를 일으켰다.

첫 번째 변화는 심리적 안정과 정서적 치유였다. 그림을 감상하며 나 자신을 돌아보고, 나의 감정을 표현할 수 있게 되었다. 이러한 과정은 스트레스 해소와 함께 내 삶의 질을 향상시켰다.

두 번째 변화는 다양한 사람들과의 만남과 소통을 하게 되었다. 새로운 사람들과의 네트워킹을 통해 나의 사회적 관계를 확장할 수 있었다.

세 번째 변화는 다양한 예술가의 작품을 접하면서, 역사적 배경이나 사회적 메시지를 이해할 수 있게 되었고, 이는 나의 세계관을 넓히고 문화적 감수성을 향상시키는 데 큰 도움이 되었다.

　네 번째 변화는 다양한 작품들을 통해 새로운 영감을 많이 받았다. 이런 예술적 경험은 나의 일상생활에서도 창의적인 사고를 촉진시켜 주었고, 나도 창작 활동을 해보고 싶다는 마음을 불러일으켰다.

　이처럼 정기적인 미술 전시회 관람은 나의 정체성을 탐구하고 표현하는 기회를 제공해 주었으며, 내가 창작 활동을 할 수 있는 계기를 마련해 주었다.

　미술품 전시 관람의 효과를 소개하고자 한다. 누구나 관람할 수 있으며 문화생활을 향유할 수 있다.
　✓ 첫째, [감성 발달] - 다양한 예술 작품을 감상함으로써 감정과 느낌을 더욱 풍부하게 경험할 수 있다.
　✓ 둘째, [창의력 자극] - 새로운 시각과 아이디어를 접하면서 창의적인 사고를 촉진할 수 있다.
　✓ 셋째, [문화 이해 증진] - 다양한 문화적 배경을 가진 작품을 통해 타문화에 대한 이해와 존중을 키울 수 있다.
　✓ 넷째, [비판적 사고 강화] - 작품에 대한 해석과 분석을 통해 비판적 사고 능력을 향상할 수 있다.
　✓ 다섯째, [사회적 연결] - 전시회를 통해 다른 관람객들과

의 소통 및 교류를 통해 사회적 관계를 형성할 수 있다.
　✓ 여섯째, [스트레스 해소] - 예술 작품 감상은 심리적 안정과 스트레스 감소에 도움을 준다.

나는 미술 전시회를 정기적으로 관람하는 습관으로 심리적 안정을 찾았고, 다양한 사람들과의 만남과 소통이 이루어졌으며, 세계관은 넓혀졌고, 문화적 식견이 확대되었다. 이러한 습관은 단순한 취미를 넘어 내 삶의 질을 높이고, 보다 풍요로운 삶을 영위하는 데 큰 도움이 되었다.

어릴 적, 그림을 그리고 싶었던 꿈을 전시회 관람을 통해 다시 찾게 되었고, 잊고 지냈던 그 꿈을 지금은 다시 펼쳐 나가고 있다. 나에게 미술 전시회 관람은 단순한 취미를 넘어, 새로운 창작 활동이라는 삶의 의미와 기쁨을 안겨주는 멋진 일상이 되었다.

이제 나는 매일 창작 활동을 통해 내 안에 잠재된 창의성을 펼쳐 보이며 나를 표현하고 발견하는 소중한 시간을 보내고 있다.

no.44

박해리

□ 소개

1. Italy Milano International Music Festival Orchestra 연주
2. 2024 삿포로교류오케스트라 연주
3. 이음심포니커 대표
4. 2025 국제교류연주회(가와고에) 연주

□ 연락처

1. 네이버 블로그: 이음심포니커(Ieum Symphoniker)
   https://m.blog.naver.com/ieum_symphoniker
2. 유투브 채널: 이음심포니커(ieumsymphoniker)
   https://youtube.com/@ieumsymphoniker
3. 이메일: ieumsymphoniker@naver.com

9살 독립 선언이 만든
공부 습관

초등학교 3학년 때였다. 그때쯤 학교에서 시험을 봤던 것 같다. 시험 전 엄마는 나를 책상 앞에 앉혀놓고 공부를 시키셨다. 그 나이의 아이들이 그렇듯 나 역시 억지로 시키는 재미없는 공부가 싫었다. 공부가 싫었다기보다 억지로 시키는 것이 싫었던 듯하다. 그 후, 스스로 공부할 테니 나를 간섭하지 말아 달라고 부모님께 청했다.

깊은 생각 없이 그저 간섭이 싫어서 했던 9살 꼬마의 이야기를 부모님은 들어주셨다. 내가 용감했다고 생각했지만, 그 당시의 부모님보다 더 많은 나이가 되어 지금 그 또래의 아이들을 바라보는 입장이 되니, 나의 부모님은 참으로 용감하셨다. 그리고 그 용기에 감사한다. 그 덕분에 지금의 내가 있기 때문이다.

공부에 있어서 독립 선언을 한 이후로, 부모님은 정말로 일체 어떠한 말씀도 하지 않으셨다. 그때부터 나는 수많은 시행착오를 겪으면서, 스스로 공부하는 법과 일정 관리하는 나만의 루틴을 만들어가기 시작했다. 당연히 처음엔 잘 될 리가 없었다. 어른이 되어서도 처음 하는 일은 어려운데, 초등학생 어린아이에게는 더 말할 필요도 없었다.

공부보다 재미있는 것들이 세상에는 많았고, 해야 할 공부보다 놀고 싶은 유혹에 자주 휘둘렸다. 의욕만 앞서서 쉬는 시간도 없이 계획을 꽉 채워 세웠지만, 실제 실행에 옮기는 건 10%도 채 되지 않았다.

독립 선언한 이후, 첫 시험이 다가왔고, 제대로 공부하지 못한 채로 시험을 치렀다. 그리고 깨달았다. 그동안의 성적은 내 머리가 좋아서가 아니었다는 것을. 노력의 결과였고, 그 노력은 그동안 부모님의 의지로 이루어졌다는 것을.

아차 싶었다. 하지만, 이미 엎질러진 물이었다. 이제부터는 내 의지로 해내야 했다.

그 후로 지금까지 수십 년, 의욕에 가득 찬 계획을 세우고, 수도 없이 실행에 실패하면서, 계획을 수정하고, 실행에 옮겨 보고 보완해서 또 시도했다. 공부에 있어서는 누구에게도 지기 싫었던 나의 마음이, 공부보다 재밌는 걸 먼저 선택하던 나의 박약한 의지를 키워주었다. 그렇게 공부하다 보니, 나는 달라지기 시작했다. 모르던 것을 알아가는 성취감, 안 풀리는 문제를 오래 고민하다가 마침내 풀었을 때의 희열을 하나씩 느끼며, 점점 공부에 재미를 느끼게 되었다.

학업이 재미있어 연구자가 되고 싶어서 공과대학을 진학했다. 내가 선택해서 간 학과였지만, 공부가 너무 어려워 이 길에 재능이 없는 것인지 심각하게 고민했던 때도 있었다. 하지만, 포기하지 않고 노력하여 연구원이 되었고, 20여 년이 흘렀다.

어린 시절부터 수백만 번 일정을 만들고, 실행에 실패하며 나에게 적합한 일정 관리 방법을 만들어간 결과, 대학을 졸업하던 즈음에는 100% 실행 가능한 계획을 만들 수 있었다. 바꿔 말하면, 이제는 계획한 일을 전부 이행할 수 있다. 그 덕분에, 하고 싶은 많은 것들을 배우고 즐기며 살고 있다. 그중 하나가 오케스트라 활동이다.

고교 시절에는 공부하느라, 하고 싶던 것을 모두 참았었다. 대학을 가서는 폭발하듯 참았던 것들을 다 해보면서 다양한 것들을 접했다. 그 과정에서 깊이 있게 오래 하고 싶은 몇 가지를 찾을 수 있었고, 그중 한 가지가 바이올린이었다.

일하느라 바빠서 연습은 고사하고, 수업조차 받으러 가지 못하는 경우가 있어도, 배우기를 멈추지 않고 다양한 연주 활동에도 참여한 결과, 지금은 좋은 사람들과 함께 오케스트라를 창단하여 운영하고 있다. 나의 직업군에서는 접하기 어려운 새로운 세상을 경험할 기회를 얻었다.

9살의 독립 선언, 그 나이의 아이들이라면 누구나 한 번쯤은 해봄 직한 행동일 것이다. 하지만 나의 부모님은 진지하게 들으시고 나에게 기회를 주셨다. 그 덕분에 나는 수많은 시행착오와 실패를 경험했고, 그것들은 전부 나에게 자양분과 좋은 재료가 되었다. 이 덕분에 자신을 제어하는 방법과 계획을 세우고 관리하는 방법을 만들어 나갔다.

이 습관들이 지금의 나를 만들었다.

no.45

안재경

❏ 소개
1. 유닛스튜디오 대표
2. 마벨꾸띠끄 대표
3. 프롬마벨 사내이사
4. Assorti 정립자
5. VCA(비주얼크리에이터협회)

❏ 연락처
1. 인스타: think_star_
2. 사이트: unit-st.com
   mabellegguttique.shop

마음의 온도를
맞추는 습관

내 삶을 바꾼 습관은 마음의 온도를 먼저 맞추는 것이다. 사진 일을 시작한 지 20년이 넘어간다. 처음에는 좋은 사진이 나오는 게 전부라고 생각했다. 더 좋은 장비, 더 빠른 속도, 더 세련된 결과물에만 집중했었다. 그러던 어느 날, 촬영 중 어시스턴트의 말에 고개를 돌리니 고객은 촬영을 위해 미소를 짓고 있었지만, 이마에는 땀이 맺혀 있었다. 순간 내가 민망했다. 분명히 눈앞의 피사체에만 집중하고 있었는데, 정작 카메라 밖의 온도는 너무 모르고 있었다. 나는 '좋은 사진'에만 몰입한 나머지 '좋은 경험'을 잊고 있었다.

그날 이후, 나는 한 가지 습관을 만들었다.
'항상 먼저, 온도를 확인하자.'
이 습관은 단순한 냉난방의 문제가 아니다. 이제 나는 촬영을 시작하기 전, 고객의 표정과 말투, 눈빛과 손끝을 살핀다. 오늘 어떤 감정의 날씨를 갖고 이 공간에 들어왔는지 파악하려고 한다. 그리고 가볍게 커피를 권하거나, 음악을 바꾸거나,

불필요한 말은 줄인다. '이분의 온도는 지금 어떤가?'라는 생각으로.

우리는 서비스를 판다. 촬영과 스타일링, 이미지 메이킹이라는 결과물은 명확히 존재하지만, 고객이 기억하는 건 결과 이전의 경험이다. 사진 한 장이 나오기까지의 모든 순간이 기억으로 남는다. 그 기억이 편안했다면, 결과물에 대한 만족도는 두 배가 된다. 반대로 아무리 사진이 잘 나와도, 그날 기분이 상했다면 다시 돌아오지 않는다.

고객의 표정과 목소리, 손끝의 긴장감까지 느끼려고 노력한다. 고객이 오늘 어떤 기분으로 이 자리에 왔을지, 어떤 감정을 안고 이 시간을 보내려 하는지 살피는 일은 내가 촬영 전에 하는 습관이 되었다.

이제는 촬영보다 먼저 사람을 본다. 그가 어떤 기대를 품고 우리 공간에 들어왔는지를 알고 나면, 셔터를 누르는 순간이 달라진다. 서비스를 제공한다고 말하지만, 사실 우리는 기억을 만든다. 하루의 기억, 나를 위한 하루, 내가 나를 예뻐해도 괜찮다고 느끼는 시간.

그것을 만드는 건 기술이 아니라 태도. 촬영 기술은 익힐 수 있지만, 마음을 맞추는 일은 반복된 의식과 감각이 만든다. 그래서 나는 이 습관을 매일 훈련한다. 촬영 전 조명과 온도를 점검하고, 오늘의 고객 리스트를 살펴보고, 팀원들과 함께 오늘 어떤 고객이 어떤 용도로 오시는지 이야기 나눈다.

단지 정보가 아니라 고객의 생각과 마음을 나눈다.

그렇게 사람을 이해하고 나면 그날의 촬영은 더 따뜻해진다. 그것은 단지 온도를 묻는 게 아니라, 당신이 지금 이 자리에 괜찮은지, 편안한지, 우리 공간에서 잘 머물 수 있는지를 확인하는 인사다.

나는 자주 말한다. 우리는 단지 사진을 찍는 것이 아니라, 누군가에게 '기억을 만들어주는 하루'를 선물하는 일이라고. 그리고 그 기억은 결국 '마음이 맞춰졌던 순간'에서 시작된다.

마음의 온도를 먼저 맞추는 일. 고객의 마음, 팀원의 컨디션, 나 자신의 내면 온도까지. 예전엔 많은 고객을 빠르게 응대하는 게 효율이라 여겼지만, 지금은 정확히 응대하려 한다.

이 습관은 어느새 내가 나를 다시 바라보게 해주었고, 팀원들과의 관계를 깊게 만들었고, 고객에게 기억되는 브랜드가 되는 데 핵심적인 역할을 해주었다.

사람은 결국 기억 속에 머문다. 내 삶을 바꾼 건 거창한 결심이나 거대한 목표가 아니었다. 아주 작고 사소한, 그러나 매일 실천한 하나의 습관이었다.

이 습관이 지금의 나를 만들었다.

no.46

이언주

◻ 소개

1. 마벨꾸띠끄 대표원장
2. 비주얼크리에이터협회장
3. 프롬마벨 대표
3. 미스코리아 심사위원
4. MBC아카데미 교육강사
5. LBI럭셔리 브랜드 그루밍강사
6. 제이아트 영화팀 팀장
7. MBC미술센터 (분장,미용)

◻ 연락처

1. 블로그: https://blog.naver.com/mabelle_s
2. 인스타: eon_blue__
3. 유튜브: 마벨꾸띠끄

나를 지켜낸 생각의 루틴

'이건 결국, 좋은 일이 오기 위한 준비일 뿐이야.'

나는 어떤 악재가 닥치더라도 이 말을 마음속으로 되뇌인다. 처음부터 이런 생각을 했던 건 아니다. 어쩌면 스스로를 버티게 하려고 반복했던 말이었는지도 모른다. 하지만 반복은 습관이 되었고, 그 습관은 지금의 나를 만들어주었다. 내 마음을 다잡는 나만의 방식이 된 것이다.

어린 시절부터 지금의 일을 해오면서 많은 시간을 사람들과 부딪히고, 많은 일들 속에 놓여 있었다. 사람의 관계로 인해 마음이 힘든 순간도 많았고, 쉬지 않고 이어지는 업무량과 시간의 압박 속에서 지칠 때도 많았다. 혼자 타지에서 살아가며 겪는 경제적인 부담도 만만치 않았다. 그런 일들이 겹치고 쌓이면, 때로는 내가 선택한 이 길이 맞는 건지 스스로를 의심하게 될 때도 있었다.

그럼에도 불구하고 내가 지금까지 잘 버텨올 수 있었던 건, 결국 **'곧 지나갈 거야'**라는 믿음 때문이었던 것 같다. 그 믿음은 나를 무너지지 않게 붙잡아주었고, 한 발짝 더 앞으로 나아갈 수 있게 만들어주었다. 힘든 상황을 마주할 때마다 나는 당연하게 그 말을 떠올렸다.

"지금은 힘들지만, 곧 지나갈 거야." 그렇게 나를 안심시키고, 마음의 중심을 다시 붙잡았다.

하루도 조용한 날 없이 매일같이 쏟아졌던 인신공격과 시달림 속에서 도망치고 싶었던 날도 많았다. 마음이 무너지고, 이 일을 계속해도 되는 걸까 생각이 들 때도 있었다. 눈앞에 보이는 현실은 고되고, 마음은 지쳐 있었다. 하지만 그때 나는 이런 마음을 품고 있었다. "지금 도망가면, 나는 이걸 평생 이겨내지 못할 수도 있어."

그래서 피하지 않았다. 반응하지도 않았다. 그냥 오늘을 넘기자. 오늘이 지나면 내일도 지나갈 거라는 믿음으로 긴 시간을 버텨왔다. 그게 나를 지켜낸 방식이었고, 지금의 나를 만든 원동력이 되었다. 그리고 결국, 그 시간은 지나갔고, 나는 그 시간을 이겨낸 내가 되었다.

지금도 여전히 힘든 순간은 있다. 예상하지 못한 상황, 흔들리는 마음, 사람으로 인한 상처들. 하지만 그럴 때마다 나는 마음속으로 다짐한다.

"이건 좋은 일이 있기 전에 오는 과정일 뿐이야."

그 말은 나를 다시 중심으로 돌아오게 해준다. 감정에 휩쓸

리지 않고, 내 자리를 지킬 수 있게 해주는 가장 작은 루틴이다. 남들 눈에는 보이지 않는 나만의 습관이지만, 그 습관이 나를 단단하게 만들었다.

생각해 보면 이 습관은 내가 만든 가장 조용하지만 강력한 힘이었다. 누구보다 일찍 사회에 나와 사람들과 부딪히고, 외로운 시간을 지나며 일과 삶의 균형을 스스로 만들어야 했던 시간 속에서, 누가 대신 안아주는 것도, 대신 해결해 주는 것도 없었다. 오롯이 내가 나를 일으켜야 했고, 그래서 만들어진 습관이었다.

눈에 보이는 기술이나 특별한 방법은 아니지만, 지금까지 이 일을 이어오게 해준 건 바로 이 생각의 습관이었다. 무너질 것 같은 순간에도 중심을 잡고, 일어서고, 다시 하루를 살아가게 만든 건 나만의 이 말 한마디였다.

앞으로도 나는 나에게 말해줄 것이다.

"괜찮아. 이건 분명히 더 나은 방향으로 가는 중이야."

그 말 한마디가 나를 다시 일으켜 세우고, 또 하루를 살아가게 만든다. 나는 그걸 반복하며 여기까지 왔고, 앞으로도 그렇게 살아갈 것이다.

no.47

우정희

❑ 소개

1. (현) 청도재가노인복지센터 대표 (2014~)
2. 한세대학교 사회복지행정학과 박사
3. 미국로드랜드대학 자연치유학과 졸업
4. 대한웰다잉협회 동대문지회장
5. 강덕무관총본관 (1972) 이재봉관장 쿵후 우슈태극권 사범
6. 국제공인 NLP 마스터 프랙티셔너
7. 네이버 검색 우정희

❑ 연락처

우정희의 리틀리 https://litt.ly/cheongdo365
https://www.youtube.com/@TV-io8pe
https://blog.naver.com/sungwoo39

최고의 나를 만든 독서 습관

책은 나를 살리고, 나를 키우고, 나를 이끌었다

1. 책과 처음 만난 순간 - 호기심의 문을 열다

　책을 처음 좋아하게 된 건 중학생 무렵이었다. 어릴 적 읽었던 『로빈후드의 모험』은 지금도 생생하게 기억난다. 정의롭고 용감한 주인공, 숲속의 긴장감 넘치는 장면, 가슴 뛰는 모험… 책을 읽는 동안 완전히 새로운 세계에 빠져들었고, 그것은 호기심을 자극하는 신나는 여행이었다.

　이후에도 추리소설이나 탐정 이야기 같은 흥미로운 책을 자주 읽었다. 고등학교 때는 시를 쓰며 문학 대회에 나가기도 했고, 당시의 나에게 책은 '세상에 대한 호기심'을 자극하는 최고의 통로였다. 지금도 나는 여전히 호기심이 많고, 새로운 걸 배우고, 도전하는 삶을 살아가고 있다. 생각해 보면, 그 설렘은 어린 시절 책과 처음 만났던 순간에서 시작되었다.

2. 나다운 삶 - 책이 길러준 나의 성향

　『로빈후드의 모험』을 통해 나는 '의리'와 '정의'라는 가치에 깊이 공감하게 되었다. 그래서일까, 나는 늘 의리를 지키고, 약속을 소중히 여기는 사람이 되고 싶었다. 그 영향은 단지 성격에만 머물지 않았다.

　나는 자라면서 약한 사람을 돕고 싶었고, 동시에 나 자신을 지킬 수 있는 힘도 갖고 싶었다. 그 마음은 결국 우슈 태극권 사범 자격으로 이어졌고, 몸과 마음을 단련하며 살아가는 삶으로 자연스럽게 연결되었다.

그래서 나는 지금도, 나를 키우는 길 위에서 조용히, 그러나 멈추지 않고 걷는다. 그 길이 곧, 내가 진짜 나답게 살아가는 방향임을 알기에 배움과 성장을 멈추지 않는다. 그렇게 단단해진 나는, 세상과 진심으로 연결되며 살아간다.

3. 다시 걷게 해준 책의 속삭임

삶이 무거웠던 시절이 있었다. 죽고 싶을 만큼 마음이 지치고 무너졌고, 어디로 가야 할지 몰라 헤매던 시간. 그때 나는 사람보다 책을 붙잡았다. 오히려 더 많이, 더 악착같이 읽었다. 그 안에 분명히 길이 있을 거라 믿었고, 책 속 문장 하나하나가 나를 멈춰 세우고, 깊이 생각하게 만들었다.

몇 날 며칠을 새벽 3~4시까지 책을 읽고, 줄을 긋고, 마음을 붙잡아주는 문장을 타이핑하고 노트에 옮겼다. 그 속에서 나는 조금씩 다시 살아야 할 이유를 찾았고, 그 책들이 조용히 내게 속삭여주었다. **"괜찮아. 다시 일어설 수 있어."** 그 한 문장, 그 책 한 권이 내 삶을 지탱하는 힘이 되었다. 책은 내게 단순한 정보나 지식이 아니었다. 위로였고, 희망이었고, 다시 걷게 해준 나침반이었다.

4. 새로운 도전 – 포텐셜 모티베이터 우정희

삶의 어둠 속에서 책이 나를 일으켜 세워주었듯, 이제는 내가 누군가의 삶에 빛을 건네는 사람이 되고 싶다. 책을 통해 자라고 성장한 나는, 이제 다른 누군가가 자신의 가능성과 진짜 마음을 마주하도록 돕는 코칭의 길을 걷고 있다.

그 마음으로 나는 KAC 코칭 자격을 취득했고, 지금은 KPC(전문 코치) 자격을 준비하며, 더 깊이 있는 역량과 따뜻한 시선을 갖춘 코치가 되기 위해 노력하고 있다. 지금 나는 청도재가노인복지센터를 운영하며, 어르신들의 삶을 직접 돌보고, 그들의 이야기를 듣고, 그들의 존재를 존중하며 살아간다. 그 현장 경험은 나에게 삶의 본질과 사람에 대한 이해를 더 깊게 만들어주었다.

앞으로 나는, 강연가로서 그리고 코치로서 사람들의 삶에 작은 불씨를 심고, 변화와 행동의 불꽃을 일으키는 사람이 되고자 한다. 넘어진 사람에게 *"괜찮아, 너도 할 수 있어"* 라고 햇살처럼 따뜻하고 믿음직한 목소리로 건네는 존재. 나는 믿는다. 한 사람의 삶을 바꾸는 데 필요한 건 거창한 무언가가 아니라, 때로는 단 한 권의 책, 단 한 번의 만남, 그리고 진심을 담은 한마디와 한 줄기 빛일 수 있다는 것을.

이제 나는, 책을 통해 자란 내가 누군가의 삶을 다시 일으키는 사람, 그 여정 곁에서 함께 걸어주는 포텐셜 모티베이터 우정희로 살아가고자 한다.

no.48

고서현

□ 소개

1. 고서현
2. 보건학 박사 수료(통합대체의학)
3. 사)한국대체의학심리상담학회 재무이사
4. 의정부 교육지원청 학생상담자원봉사자회 회장
5. 의정부교육지원청 학부모 생태동아리 부대표
6. 경기도 관내 환경 강사 활동 (유.초.중.고)
7. 동두천양주교육지원청 학폭조사관
8. 닉네임: 에너자이저

□ 연락처

1. 전화: 010-2646-7172
2. 메일: koseohyun73@gmail.com

스트레스 '제로화' 습관

더 나은 나로 행복한 인생을 살아가는 제 습관을 소개합니다.

1. 긍정적인 마인드 유지하기

모든 상황을 예민하게 받아들이지 않고, 긍정적으로 바라보려는 노력은 스트레스 관리를 위한 기본입니다. 긍정적인 태도는 문제를 보다 건설적으로 해결하는 데 도움을 줍니다.

2. 스트레스 즉시 해소하기

스트레스를 쌓아두지 않고 즉시 해소하는 습관을 기르세요. 작은 일에도 즉시 반응하고 감정을 표현하는 것이 중요합니다.

3. 자연과의 연결

자연을 가까이하고, 자연에서 경험을 통해 마음의 평온함을 느끼세요. 자연 속에서 시간을 보내는 것은 스트레스를 줄이는 데 큰 도움이 됩니다.

환경교육사로 활동하는 저로서는 생태교육을 하면서 자연과의 연결이 스트레스 해소에 매우 효과적인 방법이라고 생각합니다. 자연 속에서 시간을 보내는 것만으로도 몸과 마음이 자연스럽게 진정되고 평온함을 느낄 수 있습니다.

그 이유는 자연환경이 스트레스 호르몬인 코르티솔 수치를 낮추고, 심리적 안정감을 제공하기 때문입니다.

아래는 자연과의 연결을 통한 스트레스 해소 방법입니다.

♣. 자연 속 산책 : 자연 속에서의 산책은 스트레스 해소에 탁월한 효과가 있습니다. 공원이나 숲에서 걷는 것만으로도 신체의 긴장이 풀리고, 마음도 차분해집니다. 자연의 소리(새 소리, 바람 소리 등)와 푸른 풍경은 정신을 맑게 하고, 과도한 생각에서 벗어나게 도와줍니다.

♣. 숲의 치유력, 숲욕 : '숲욕'이라는 말처럼 숲에서 시간을 보내는 것은 심리적, 신체적 건강에 많은 이점을 줍니다. 나무와 식물의 향기, 공기 중의 피톤치드 성분이 스트레스를 줄이고 면역력을 증진시킵니다. 특히 숲속에서 조용히 시간을 보내거나 천천히 걸을 때, 정신적으로 휴식을 취할 수 있습니다.

♣. 자연에서의 깊은 호흡 : 자연 속에서 깊은 호흡을 하면 몸과 마음이 동시에 안정됩니다. 신선한 공기를 마시며 깊게 숨을 쉬면, 스트레스를 유발하는 자율신경계를 조절하고, 심박수와 혈압이 낮아지며, 즉각적인 이완 효과를 경험할 수 있습니다.

♣. 자연의 아름다움 감상 : 자연을 눈으로만 보는 것이 아니라, 느끼고 경험하는 것도 중요한 방법입니다. 아름다운 풍

경을 감상하며 느긋한 시간을 보내는 것만으로도 스트레스를 해소할 수 있습니다. 단순히 하늘을 바라보거나 꽃을 가까이 두고 그 향기를 맡는 것만으로도 마음의 안정이 찾아옵니다.

♣. **자연과의 물리적 접촉** : 자연과의 물리적 접촉도 중요합니다. 맨발로 풀밭을 걷거나 나무를 만지는 등 자연의 요소와 직접 접촉하는 것은 땅과의 연결을 통해 마음을 진정시키는 효과를 줍니다. 이는 자연과의 일체감을 느끼게 해주어, 스트레스가 크게 완화될 수 있습니다.

♣. **시간을 내어 자연을 즐기기** : 일상 속에서 바쁘게 살아가다 보면 자연을 잊고 지내기 쉽습니다. 그래서 의식적으로 자연 속에서 시간을 보내는 것이 중요합니다. 주말에 하이킹을 가거나 근처의 공원에서 시간을 보내며 자연을 즐기는 것이 좋습니다.

자연은 우리가 쉽게 접할 수 있는 자원이자, 스트레스를 자연스럽게 해소할 수 있는 강력한 도구입니다. 자연과의 연결을 통해 마음의 평온을 찾고 스트레스를 관리하는 습관을 만들어 보세요.

각자에게 스트레스는 모두 다르고, 스트레스 해소법도 다르지만, 이러한 습관을 통해 스트레스를 효과적으로 관리하고, 더 행복한 일상을 만들어 나가길 바랍니다.

no.49

김미경

❑ 소개
1. 전)현대백화점본사 15년근무
   인재개발팀,신용판매팀. 회원상담실
   국민연금담당,고용보험담당,백화점카드상담
2. 전)삼성생명,DB생명,한화손해보험 근무
3. UN평화모델선발대회 인기상 수상
4. BMCT실버브레인건강지도사자격증취득-치매극복훈련 1:1지도
5. 내삶의 좌우명, 내삶을 바꾼책 공저 출판
6. 현) 인카금융서비스(주) 종합금융자산관리,재무컨설팅,
   2030, 4050, 6070 목돈만들기, 은퇴설계, 연금부자,
   절세, 상속, 증여

❑ 연락처
이메일: butury2@naver.com

내 삶을 변화시킨
아주 작은 습관

습관의 중요성을 예전엔 그다지 크게 생각하지 않았었다. 하지만, 어느 정도 세상에 눈을 뜨기 시작하면서 생각이 달라졌다. 돈이 많은 사람과 돈이 없는 사람의 차이, 소위 성공한 사람과 실패한 사람의 차이, 행복한 사람과 행복을 느끼지 못하는 사람의 차이는 무엇인지를 어렴풋이 알게 되었다. 이에 대해 깨닫게 된 건 결국엔 생각도 습관이고, 삶을 살아가는 일상에서도 모든 게 다 습관으로 이루어져 있다는 것이다.

사람들은 저마다 그들만의 방식으로 열심히들 살아간다. 그런데 무엇이 다르기에 결과에서는 그렇게 확연히 달라지는 것일까? 그런 의문에서 시작된 내 20대의 시간은 틈만 나면 옆구리에 자기계발서를 끼고 다니면서 자주 읽곤 했었다, 그리고 지금은 매일 아침 종이신문을 본다. 이 또한 변화하는 시대를 보는 눈을 키워 가기 위한 나만의 일상 습관이기도 하다.

내 습관 중에서도 가장 중요하고도 소중하게 여기는 습관은 매일 새벽 눈을 뜨면 가장 먼저 사랑하는 주님과 함께 기도로써 하루의 첫 시간을 여는 것이다. 나의 나된 것은 하나님의 은혜요 험난한 인생길 삶의 여정에서 여기까지 인도하신 분은 에벤에셀의 하나님이시기 때문이다.

기도로써 말씀을 등불 삼아 따라 살아가는 인생은 결국은 하나님이 책임져주신다는 그분의 약속이자 믿음의 삶인 것이다. 히브리서 11장 1절에는 "믿음은 바라는 것들의 실상이요. 보이지 않는 것들의 증거니"라고 말씀하셨다. 믿음은 보이지 않는 것을 보는 능력이다. 우리가 사는 세상은 보이는 것만이 전부인 세상은 아니다. 사실 보이지 않는 세계가 훨씬 더 크다. 그러므로 삶에 겸손해질 수밖에 없다.

사실, 습관이란 영역은 훨씬 더 다양하다. 식습관, 생활 습관, 언어를 표현하는 습관, 욱하는 것도 습관이 되면 자주 욱하게 되므로 하지 않는 게 좋다.

투자도 습관이고 저축도 습관이다. 정말 많은 습관으로 인해 인생의 결과치는 크게 달라진다. 그래서 어떤 습관을 만드는지가 인생에서 매우 중요하다. 가정에서도 부모가 좋은 말, 아름다운 말을 사용하면 그 습관을 자녀가 그대로 복제가 되어 자녀의 인성과 언어 습관이 형성된다. 식습관은 또 어떤가. 건강한 식습관과 생활 습관은 장수하는 몸을 유지하게 해 준다. 반대로 잘못된 식습관과 생활 습관은 건강에 심각한 질병을 초래하기도 한다.

이렇듯 습관에는 좋은 습관과 나쁜 습관이 있다. 생각도 어떤 순간에서도 늘 긍정적으로 생각하는 좋은 습관을 지닌 사람이 있다. 이런 경우는 자신은 물론이고 함께하는 주변 사람들까지도 덩달아 좋은 영향을 받지만, 반대의 경우엔 부정적인 영향을 주기도 한다.

내 습관 중에 가장 자랑스럽고 소개하고 싶은 것은 매일 책을 읽는 습관이다. 시간이 없을 땐 1~2줄이라도 이동하면서 수시로 책을 읽고 있다. 이는 나를 더 좋은 사람으로 만들고 내 인생을 더 풍요롭고 지혜롭게 만들어 준다.

새벽에 일어나 이른 아침 6시 반이면 출근한다. 가장 먼저 사무실 문을 열고 들어가는 그 기분은 정말 너무도 좋다. 하루의 시작을 여유롭게 시작할 수 있기에 시간 부자가 된 기분이다.

주어진 하루를 별생각 없이 보내는 것과, 생각하고 행동하고 바른 습관을 의식적으로 사용하는 것은 하늘과 땅 차이의 결과를 만든다. 자신을 끊임없이 돌아보며 목표점을 향하여 나간다면 그 매일매일의 습관이 쌓여서 1주일, 한 달, 1년, 5년, 10년을 후의 모습은 분명히 다를 수밖에 없다.

결국, 성공의 밑거름은 성공할 만한 습관을 바탕으로 매일 한발 한발 쌓아 갈 때만이 가능하다는 것을 꼭 말해주고 싶다.

사랑하는 내 가족, 남편과 세 자녀에게 이 글을 바친다.

no.50

정규만

❑ 소개
1. 청솔건강연구소 대표
2. 사회복지사 1급 자격증
3. 직업상담사 2급 자격증
4. 요양보호사 1급 자격증
5. 컴퓨터활용능력 2급
6. 네이버 블로그 운영 21년
7. 닉네임: "생명사랑 청솔정"

❑ 연락처
1. 네이버 블로그: https://blog.naver.com/korea8255
2. 네이버 카페: https://cafe.naver.com/great112
3. 인스타: https://www.instagram.com/ckm0519
4. 스마트스토어: https://smartstore.naver.com/snscs
5. 네이버, 티스토리, 구글 검색: "생명사랑 청솔정"
6. 이메일: korea8255@naver.com
7. 전화번호: 010-3828-8489

블로그 글쓰기 습관

건강 회복과 온라인 수익화 여정

★ **신중년, 건강 문제로 블로그 글쓰기를 시작하다**

건강이 조금씩 무너지고 있다는 신호는 어느 날 불쑥 다가왔다. 피로가 쉽게 쌓이고, 사소한 일에도 기운이 빠졌다. 몸은 무겁고, 마음은 점점 무기력해졌다. 바쁜 일상에서 나를 돌보지 못했던 시간이 쌓이면서, 신체와 정신 모두에 경고등이 켜진 것이다. 이대로는 안 되겠다는 생각이 들었고, 나를 위한 작고 조용한 실천을 시작했다. 그것이 바로 **블로그 글쓰기 습관**이었다.

처음에는 단순히 건강 상태를 기록하고, 일상의 생각을 정리하기 위한 목적이었다. 하지만 매일 한 편씩 글을 쓰며 내 몸과 마음을 진심으로 마주하게 되었다. 어떤 음식이 나에게 잘 맞는지, 어떤 습관이 피로를 누적시키는지, 글을 쓰는 과정에서 깨닫는 것이 많아졌다. 그렇게 차곡차곡 쌓인 글들은 나만의 건강 일지가 되었고, 네이버 검색 상위 노출이 되면서 ('**신중년 건강 문제 검색**) 점차 내 안에 묻혀있던 자존감과 의욕도 되살아나기 시작했다.

★ 독자들의 건강 문의, 블로그 글쓰기 문의 쇄도

　놀라운 변화는 그다음부터 시작되었다. 처음에는 몇 명 되지 않던 방문자가 하나둘 늘더니, 내 글을 꾸준히 읽는 독자들이 생겨났다. 코로나로 인해 건강에 관한 관심이 높아진 만큼, 독자들은 나의 경험에 깊이 공감했고, 자연스럽게 건강 문의와 블로그 글쓰기 관련 질문이 쇄도하기 시작했다. *"어떻게 건강 회복하셨나요?", "식단은 어떻게 조절하시나요?", "소개 글에 나오는 사슴 태반 건강식품은 어떻게 구입하나요?" "저도 글을 쓰고 싶은데 어떻게 시작하셨나요?"* 이런 질문에 정성껏 답변하며, 나는 점점 더 블로그 글쓰기에 몰입하게 되었다. 단지 나의 건강 회복을 위한 기록이었던 글쓰기가 어느덧 누군가의 절실한 니즈를 도와주는 길잡이가 되어 가고 있었다.

★ 블로그 성장과 발전, 블로그 마스터 강의로 이어지다

　시간이 흐르면서 블로그는 더 많은 사람의 관심을 받게 되었고, 나는 자연스럽게 블로그 마스터 강의를 열게 되었다. 나처럼 신중년의 시기에 건강을 되찾고, 동시에 글쓰기를 통해 자기 삶을 재설계하고 싶은 분들이 점점 늘어나고 있었다. 나는 그들에게 글쓰기의 즐거움, 블로그 운영의 노하우, 그리고 수익화의 가능성을 나누었다. 그들 중 몇몇은 실제로 자신의 블로그를 성공적으로 운영하게 되었고, 나는 그 성과를 함께 기뻐할 수 있었다.

★ 블로그 체험단 활동과 건강 제품 판매로 수익화

이후 나의 블로그 활동은 맛집 체험단 활동과 건강 제품 체험단 모집 및 공동구매 활동으로 이어졌고, 이러한 체험 경험은 다시 블로그 콘텐츠로 녹아들었다. 체험한 맛집과 제품을 솔직하게 리뷰하고, 효능과 사용 팁을 나누면서 신뢰가 쌓이기 시작했다. 덕분에 스마트스토어나 쿠팡 같은 플랫폼에서 건강 제품을 직접 판매하는 활동으로도 연결되었다. 이제는 건강 회복의 길뿐만 아니라, 경제적 수익이라는 현실적인 성과까지 얻게 된 것이다.

★ 준비와 기회가 만나면 기적이 일어난다!

무엇보다 뜻깊었던 것은, 이 모든 과정이 억지로 이뤄진 것이 아니라는 점이다. 매일 조금씩 정성스럽게 써 내려간 글 한 편 한 편이 나를 바꾸었고, 글을 읽은 사람들의 삶에도 작은 물결을 일으켰다. 블로그 글쓰기를 통해 나는 건강을 회복했고, 누군가의 삶에 작은 힘이 될 수 있었으며, 동시에 새로운 수익 구조까지 만들어낼 수 있었다. 나는 지금도 여전히 글을 쓰고 있다. 내 글이 누군가에게 힘이 되고, 시작과 기적의 불씨가 되기를 바란다. 이 글을 읽고 있는 당신도 언젠가 글쓰기를 시작하게 된다면, 분명히 그 안에서 당신만의 기적을 발견하게 될 것이다.

기적은 멀리 있지 않다. 글 한 줄, 마음 한 자락에서 시작된다. 건강 전도사 청솔정과 함께 블로그 글쓰기를 시작하자.

에필로그

 우리의 인생은 읽기, 듣기, 쓰기, 말하기로 이루어져 있다. 우린 학교 교육과 사회 분위기 등으로 인풋인 읽기와 듣기는 익숙하지만, 아웃풋인 쓰기와 말하기는 왠지 모르게 어색하고 불편하다. 예전의 나 또한 그런 사람이었다.

 그러다 만나는 사람의 변화를 통해 생각의 전환을 경험했고 글쓰기와 책 쓰기의 효과를 경험했다. 이후 꾸준한 글쓰기와 책 쓰기로 내면과 외면의 큰 성장을 경험했고 지금은 감사하게도 누군가의 꿈을 이루어주는 행복한 인생을 살고 있다.

 글쓰기와 책 쓰기에는 집중하는 시간과 많은 에너지가 필요하다. 그런 어려움을 이겨내고 마음과 용기를 내어 이번 프로젝트에 참여한 아름다운 분들을 다시 한번 소개한다.

 우경하, 이은미, 조유나, 박선희, 정원임, 김지현, 이연화, 이형은, 심푸른, 김황연, 장예진, 양 선, 신두호, 이단비, 강화자, 조대수, 김순란, 정소영, 장선희, 유병권, 김미옥, 최윤정 최무빈, 박소영, 신동복, 엄일현, 강기쁨, 구연숙, 양수목, 김종호, 김애리, 한민정, 한연주, 최형임, 김효승, 이정인, 김혜경, 윤민영, 최수미, 박미란, 최민경, 김선화, 오순덕, 박해리 안재경, 이언주, 우정희, 고서현, 김미경, 정규만. 이상 50명의 작가님에게 응원의 박수를 보낸다. 다음은 당신 차례다.

당신의 삶을 바꾼
습관은 무엇인가요?